チームの生産性を高める
アサーション

言いにくいことが伝えやすくなるコミュニケーション

アイシンク株式会社／公認心理師　**丸山　奈緒子**

公益財団法人 日本生産性本部 生産性労働情報センター

contents

はじめに……1

第1章　アサーションとは何か……7

（1）働くこととアサーション——8

①アサーションとは——8
②現代のビジネスシーンでアサーションが求められる理由——9
③アサーティブが職場で活かせる状況例——12
④職場のコミュニケーション全般を「アサーティブなもの」へ——14

（2）コミュニケーションの3つのスタイル——17

①アサーティブ（相互尊重的）——17
■アサーティブなコミュニケーションがもたらすもの——19
②アグレッシブ（攻撃的）——20
■アグレッシブなコミュニケーションがもたらすもの——22
③パッシブ（受身的）——24
■パッシブなコミュニケーションがもたらすもの——26

コラム　不満は思わぬタイミングで顔を出す——31

（3）3つのスタイルを踏まえて――32
①「スキル」としてのアサーション――32
②コンフリクト解消モデルにおけるアサーションの位置づけ――36
③「選択肢」としてのアサーション――38
■「時間がかかる」のもう一つの意味――39
第2章　組織の風通しを良くするアサーション……41
（1）アサーションが求められる背景――42
①リモートワークの増加――42
②パワハラへの対応――45
③メンタルヘルスへの対応――49
（2）アサーションのメリット――52
①「本当の」心理的安全性を推進する――52
②仕事のパフォーマンスを高める――55
③チームのアウトプットの質を高める――58
コラム　講師の仕事で鍛えられたアサーティブ力――61

第3章　アサーションを実践しよう……63

(1) アサーティブに伝えるときの心構え——64

①感情を認め、表現する——64

■信号としての感情——65

■他者の行動を促すものとしての感情——67

②率直に伝える——70

③対等な態度で——72

④結果に責任を持つ——75

(2) 言葉にする4つのポイント——80

①事実——81

②感情——84

③要求・提案——86

④結果——87

(3) 対話の軸の置き方——90

①対話の軸の置き方——90

■YOUメッセージ——92

■Iメッセージ――93
（4）対話の組み立て方――96
①前置き――97
②本題――101
③締めくくり――105
（5）さまざまな状況に応じたアサーション――107
①依頼・要求する――107
■「自分のため」の依頼・要求をするとき――107
■相手を責めたくなってしまうとき――111
■「難しいのがわかっている」ことを依頼・要求するとき――115
②注意・指摘する――119
■「確信がない」ことを注意・指摘するとき――119
■においの問題を指摘するとき――123
■相手が「できない理由」を挙げてくるとき――127
■自分が男性で、女性の部下に注意するとき――131

③伝える——133
■相手の意に沿わない決定を伝えるとき——133
■「おせっかい」と思われそうなことを伝えるとき——138
■怒りの感情が高ぶっているとき——141
■感覚の違いがあることを伝えるとき——144
④断る——148
■相手からの誘いを断るとき——148
■誘いを断るために必要な考え方——152
■迷っている気持ちがあるときの断り方——156
■相手からの「NO」のサイン——159

第4章　アサーティブマインドを持つために……163
（1）「心の声」をアサーティブにする——164
（2）限界を設定する——168
（3）「メンテナンスの会話」を大事にする——171
（4）自己開示を増やす——173

（5）イニシアチブをとってみる――176
（6）褒め言葉を受け取る――179
（7）相手を傷つけてしまうこともある――182
（8）問題は小さなうちに話し合う――186

第5章　Q&A……189

Q．いくらこちらがアサーティブになろうとしても、相手次第では？――190
Q．アグレッシブな人にはどうしたら？――193
Q．うまくいかなかったときはどうしたら？　同じことを繰り返す？――196
Q．きちんと準備しておかないとうまくやれない？――199
Q．反論されたらどうしたら？――201
Q．アサーションは日本では難しいのでは？――203
コラム　情理を尽くす――206
Q．対等ではない関係でもアサーションは通用するの？――207
Q．個人と個人では有効だとしても、会社と会社の関係でも通用するの？――209
Q．一人でもできるトレーニング方法はあるの？――211

Q. どんな状況なら我慢すべきで、どんな状況なら我慢せずに言うべき?――213
Q. アサーティブに伝えたとしても、結果が伴わなかったら損では?――215
コラム 結果はわからないけど――217
あとがき……218
参考文献……220

はじめに

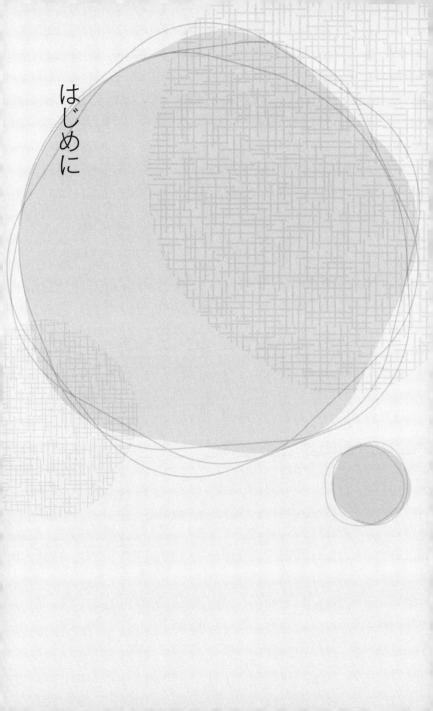

さて皆さんは、アサーション（アサーティブ、アサーティブネス）という言葉を聞いたことがあるでしょうか。

私は研修講師として、主にビジネスパーソンなど組織で働く方々を対象にアサーションをお伝えしていますが、「言葉としては聞いたことがあるが、内容は深く知らない」という方が多数派です。

アサーションは「自分も相手も大切にしよう」というスタンスに基づくコミュニケーションです。

アサーティブな振る舞いを身に着けることは、仕事のストレスを減らすことから、チームの生産性を上げることまで、非常に効用の広い、働く人の必須のスキルといえます。

たとえばこんなシーンで考えてみましょう。すでに手一杯の仕事を抱えているあなたは、上司から「悪いけどこれを明後日までに仕上げてくれないか」と急ぎの仕事を頼まれました。本来なら1週間はかかる仕事で、しかも前々から準備しようと思えばできたはずです。

あなたはこんなとき、何と言うでしょうか？

1.「…わかりました（もうめいっぱいなのに…でも断ったりしたらあとで何を言われるかわかったものではないし…）」

2.「いや無理ですよ。だいたい、今ごろになって言い出すなんて遅すぎますすよ」

1は自分にストレスが溜まりそうな対応ですね。自分の思いを飲み込み、上司からどう思われるかを優先して、本心とは裏腹な答えをしてしまっています。さらにこのケースでは、上司は「こんなタイミングだったけど、引き受けてくれた！」と思うので、また次回も同じようにギリギリになって頼んでくるかもしれません。

このように自分の言いたいことを言わずに我慢を重ね、無理を重ねていると、いずれ身体が悲鳴を上げるか、あるとき大爆発してそれまでの不満を一気にぶつけてしまうかになりがちです。

一方の2はどうでしょう。こちらは言いたいように言っているのでスカッとするかもしれません。しかしその後の人間関係にヒビが入るであろうことは明らかですね。本人にストレスは溜まりませんが、代わりに周りの人がストレスを引き受けています。このケースでも、上司は「見下された」という気落ちで腹の中が煮え立っているでしょう。こうなると上司は上司で「君だってあのとき〜〜じゃないか！」など、昔のことを蒸し返してやり返そうとするかもしれません。人との対立を生みやすく、周囲の人はだんだん距離をとるようになります。

1はパッシブ（受身的）なコミュニケーション、2はアグレッシブ（攻撃的）なコミュニケーションと呼び表しています。

パッシブなコミュニケーションでは、自分のことは後回し、相手を優先しています。

アグレッシブなコミュニケーションでは、自分が正しくて、相手は間違っているとみなしています。

どちらかが上でどちらかが下という関係性なのです。

ではアサーティブ（相互尊重的）であるとは？　たとえば左記のような返答です。

3．「お引き受けしたいのはやまやまですが、私も今、他の仕事でいっぱいです。全部はお引き受けできませんが、少しならお手伝いできますので、一部切り出してもらえませんか」

4．「わかりました、お引き受けします。ですが今日明日とかなり残業して仕上げることになりますので、私も正直大変です。次回からは1週間前には依頼いただけると助かります」

いかがでしょうか。3と4で選んだアクションは異なりますが、どちらもはっきりと自分の考えを表明しています。自分の意志も伝えつつ、相手の立場や気持ちも思いやる。対等な関係性を目指すのがアサーティブです。

これまでは、無理な依頼でも引き受けてしまう「パッシブ」がほとんどだった人も多いでしょう。もう何度も「無理なお願い」を飲み続けてきた覚えのある人もいるはずです。あるいは冷静に反論しているつもりでも、相手を攻撃してしまう「アグレッシブ」に知らず知らず偏っていた人も多いでしょう。正しいことを言っているはずなのに、相手と言い争いになり、関係がぎすぎすしてしまって、「どうしてこうなるんだ」と後味の悪い思いを重ねてきた人もいるはずです。

アサーションという対話の方法を学ぶことで、これらのスタイルとは異なる対応ができるようになります。

この本では私が研修の場でお会いしたビジネスパーソンの皆様の悩みをもとに、具体的な職場シーンでの会話例やそのポイント、あるいは実際に活用しようとしたときに生じる疑問に答えることに重きをおき、皆様に寄り添った一冊になることを願って書きました。

ぜひアサーションの扉を一緒に開けてみませんか。

第1章　アサーションとは何か

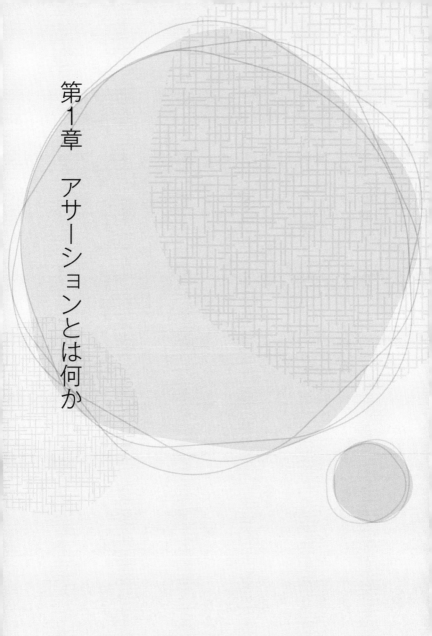

（1）働くこととアサーション

①アサーションとは

アサーション（assertion）は直訳すると「断言、断定、主張」といった意味の言葉です。

しかしアサーションで目指している「自己主張」は、これらの言葉がイメージさせるような一方的で声高な主張の仕方ではなく、自分の言い分や気持ちをはっきり述べるのと同じぐらいに、相手の言い分や気持ちにも耳を傾け、建設的に話し合うやりかたです。

アサーションにはたった一つの定義はないのですが、「自分も相手も尊重する（大切にする）自己表現」としばしば言い表されます。ビジネス用語でいえばWin-Winを目指す対話のスタイルといえるでしょう。

その特徴は、自分の気持ちを「素直に率直に」伝える点です。

この点はビジネスパーソンとして長年過ごされてきた方にとっては、少々違和感も覚えやすいところです。ビジネスの場では、相手を説得するためにいかに論理を組み立てるか、いかに論拠となるデータやエビデンスをそろえるか…といった方向でコミュニケーション力を磨いてきた人が少なくありません。いわば「理論武装」することがセオリーです。

しかしこれらの方法は、しばしば「相手に勝つ」ための戦略となりがちです。理論武装に偏ってしまうと、本来協力を得たかった相手との間で距離を生み出し、議論に勝っても相手との関係はぎすぎすしてしまうことが起こりかねません。相手はあなたの言い分の正しさはしぶしぶ認めたとしても、心では言い負かされた悔しさや、合理性だけで押し切られたむなしさを感じて、協力したい気持ちが消えてしまったりします。

アサーションでは、むしろそのような理論武装をせず、人間と人間として向き合おうとします。率直にあなたの気持ちを打ち明け、相手の心に届けることを目指します。ビジネスの場面で押し殺されがちな、「あなたという一人の人間が何を感じているのか」を大事にしながらコミュニケートして、相手からの「あなたに協力してあげたい」という自然な気持ちを引き出そうとするのです。

もちろんすべての場面でそれでうまくいくわけではありません。しかし本来は理論武装しなくてよいはずの場面や、もっと心を開いたほうがうまくいく場面はたくさんあります。

そんなときのあなたのコミュニケーションの引き出しを増やしてくれるのがアサーションだといえるでしょう。

②現代のビジネスシーンでアサーションが求められる理由

アサーションの発祥は一九五〇年代アメリカで、心理療法の一つとしてスタートしました。不安が強かったり内気だったりすることで、言いたいことが言えずに人との関係にストレスを抱えてしまう人に対して、カウンセリングの方法として「アサーション・トレーニング」が開発され、発展していきました。

さらに一九六〇～七〇年代は、人権運動とも結びついて必要とされました。アメリカで人種差別撤廃やウーマン・リブなどの社会運動が広がる中、これまで言動が制限されてきた人たちが表現の自由を獲得したとき、改めて自分たちの行動の仕方を見直したり、どのように表現すれば自分たちの声が優勢集団に届くのかを模索する必要に迫られたのです。その必要に応えたのがアサーションでした。

そして現代では広く一般の人々が学ぶべき、対人関係で生じる問題を解決したり、人間関係の改善を図るコミュニケーションスキルとして受け入れられています。中でもビジネス領域でアサーションへの注目が高まっています。それはなぜでしょうか。

その背景にあるのは職場の「多様性」の広がりです。

というのも、一昔前は職場の中を見渡せば、「日本人、男性、正社員、新卒採用、仕事第一」という似たような背景や価値観の人たちばかりで構成されていました。このような多様性の低い集団であれば、コミュニケーションの必要性はあまり高くありません。「言わなくてもわかるでしょ」「それぐらい察してよ」というノーコミュニケーションでもなんとかなったわけです。

ところが今はそうではありませんね。「外国籍の人、女性やさまざまなセクシュアリティ、非正規職員やパートタイマー、中途採用、プライベートも大事」といった、さまざまな背景や価値観を持つ人々で職場が構成されるようになってきました。そうなると、さまざまなシーンで考え方の違いが生じやすく、その都度、話し合いを持つ必要性が出てきます。

たとえば以前でしたら、定時後にお客様からトラブル対応を求める電話がかかってきたら、すかさず対応することが当たり前だったでしょう。しかし今はそうではありません。「今からと言われても困る」という人もいれば、「お客様第一だ」と考える人もいて、そこには葛藤や対立が生まれます。ですので、「このようなときは誰がどう対応するべきか」ということを改めて話し合う必要が出てくるのです。

もちろんそのときに、誰かが何らかの立場の強さを使って、「こうするのが当然だから」と一方的に決めてしまうこともできます。ただこの場合、そこにあった葛藤は解消されておらず、押し殺されたにすぎません。形を変えてまた同じような問題が繰り返されたり、一方的な決定に反感を覚えて、職場を辞める人も出てくるでしょう。

関係する人が納得できるような話し合いがもたれていることが、お互い気持ちよく働いたり、組織に長く貢献してもらったり、最終的に円滑にビジネスを回していく上では必要になるのです。

このように心理療法として一部の人に向けてスタートしたアサーションは、現代の多様性の高まるビジネス環境の中で協働するためのスキルとして、広く求められるようになったのです。

③アサーティブが職場で活かせる状況例

では、具体的にどんな職場や仕事の状況において、アサーションが活かせるのでしょうか。ここではいくつか例を挙げてみます。

○依頼する

・いままで自分がやってきた仕事をこれからは分担してほしい
・その人が苦手に思うだろう業務／役割を引き受けてほしい
・忙しいのはわかっているけれど、新しいプロジェクトに協力してほしい

○要求する

・職場のルールや業務プロセスを守ってほしい
・所定の期日までに書類を提出してほしい
・侮辱的・差別的・威圧的な言動をやめてほしい

○指摘・注意する

・忙しいときに自分から周囲の人の手伝いをしてほしい
・場所を選ばず大きな声で話すことをやめてほしい
・身だしなみ／においに気を配ってほしい

○断る

・新しい仕事／残業／手伝いの依頼を断りたい
・行くのが当たり前のようになっている飲み会の誘いを断りたい

○決定事項を伝える

・プロジェクトが中止になったことをメンバーに伝えなければならない
・希望していたポジションになれなかったことを伝えなければならない

「そういえばこんな場面で、言っていいものか、どう言ったらいいのか迷った覚えがあるな…」という状況が思い起こされたのではないでしょうか。

このように、アサーションは伝えたり、話し合ったりするときに勇気がいるような場面全般で、特に活用することができます。

④職場のコミュニケーション全般を「アサーティブなもの」へ

さらに、アサーションは「問題を抱えた場面でいかにそれを伝えるか」だけが範囲ではありません。

例えば職場で誰かの服装が素敵だなと感じたときに、それをどう伝えるか、逆に褒められて嬉しいなと感じたときにそれをどう表現するか、こんなことも含まれてきます。

「いいな」と思ったことを口に出すのは、簡単なようで意外と難しかったりしますね。「今の時代、セクハラと取られるかも…」と考えて躊躇したり、「私はファッションに詳しくもないくせに、おかしなことを言おうとしているのかも」と迷って、言わずじまいにしてしまったことが一度や二度はあるでしょう。もし、「その服、素敵ですね。よく似合ってますよ」とスッと言ってみることができたら、褒められた人は1日、とても幸せな気持ちで働くことができるかもしれません。

また、褒め言葉を受け取ることも、意外と難しいものです。

褒めてもらったとき、本当は嬉しかったのだとしても、「褒められたからって喜んだら浮かれている人みたいだし…」と思って、結局もごもご「はあ、どうも…」とか、「いえいえ、これ安物だったんですよ、大したものじゃないんです」などと返してしまったことが少なからずあるでしょう。もし、「嬉しいです。ずいぶん迷って買ったので、そう言ってもらえて自信がつきました」と言えたなら、褒めた人は「勇気を出して言ってよかった！」ととても満足な気持ちで１日を過ごすことができるでしょう。

あるいはあなたが「いつも汚いな」と思いながら使っていた給湯室が、同僚のある人が出てきたあと綺麗になっていたとします。「たまたまかもしれない」とか「わざわざ自分が言わなくても…」と思って、あえて口にしないかもしれません。

でももしも、「もしかして○○さん、給湯室をきれいにしてくれましたか、ありがとう」と伝えてみたらどうでしょう。同僚はパッと顔をほころばせ、「そうです。みんなが気持ちよく使えればなと思って。気づいてくれて嬉しいです」と自分が行ったことをとても誇らしく感じるでしょうし、あなた自身「言ってよかった」と自分が誇らしく思えるでしょう。

アサーションは「自分も相手も尊重する（大切にする）自己表現」ですから、必ずしも問題を抱えているときばかりでなく、「感謝や好意、褒め言葉やねぎらい」などポジティブな気持ちを積極的に表現することもその一部なのです。

ですがこれらのポジティブな感情表現を苦手と感じている人は少なくないですし、チームや職場の風土として、ほとんど交わされていないという場合もあるでしょう。

お互いが少し仲良くなれたり、良い気分で過ごすことができるはずのコミュニケーションのチャンスを活かせないまま終わってしまっているのはもったいないないことです。

「ポジティブな話題もネガティブな話題も率直に口にできる」チームを目指して、職場全体でアサーティブな会話を増やしていきたいものです。

(2) コミュニケーションの3つのスタイル

では改めて、アサーティブなコミュニケーションの特徴を、その他のスタイル（アグレッシブ、パッシブ）と比較しながらはっきりさせておきましょう。自分と相手の間で意見や要求の食い違い、葛藤があるとき、それにどう対応するか？という観点から、コミュニケーションスタイルは典型的に3つのスタイルに分けることができます。

①アサーティブ（相互尊重的）

アサーティブは、問題を抱えた状況であっても、相手を対等なパートナーと見なし、協力して解決しようとする姿勢です。問題があれば包み隠さずパートナーにそのことを伝えます。そして自分がそのことでいかに困っているか、どのように気持ちが動揺しているか…といった率直な気持ちを言葉にして伝えます。そしてお互いが協力可能な、現実的な解決策を一緒に探そうとします。

例えばあなたと同僚Aさんはある一つの仕事を分担し合う間柄ですが、その負担がいつの間にかあなたに大きく傾いていたとします。Aさんはパートナーとなるべき相手ですから、まずは問題があるということに気づいてもらわないとパートナーシップも組めません。

そこであなたは勇気を出して、「Aさん、この業務だけど、最初は同じ量で分担を振り分けたはずだけど、細かな作業が増えていくうちに、今は私が8割引き受けているんだ」と問題をごまかさずに表現します。そのうえで、「最初は少しぐらい構わないかな…と思っていたんだけれど、だんだん偏りが大きくなってきて、私ばかりやっているように思えて、辛くなってきたんだ」など、自分の率直な気持ちも表現します。

一方で、自分の意見を主張するばかりではなく、相手の言葉にも耳を傾けます。「私はこんなふうに感じていたんだけれど、Aさんはどう?」と聞くかもしれません。すると、Aさんとしては「いつの間にかそんなに偏っていたなんて知らなかった」とか、「うすうすわかってはいたんだけれど、私も忙しくてついそのままにしてしまっていたんだ、ごめんね」などと率直な気持ちを返してくれるでしょう。こうして、お互いの間に潜んでいた問題をきちんと表立って取り上げ、気持ちを表現し合うことで、双方の認識をすり合わせ、気持ちを理解し合い、建設的な問題解決へと向かえるわけです。

このように、アサーティブなスタイルでは、自分から問題提起をし、伝えるべきことをきちんと伝えるという意味で、キャッチボールのピッチャーの役割を積極的に果たします。

そして一方で、相手の球も受け止めるというキャッチャーの仕事もおろそかにしません。二人の間を球が交互に行き交っているのが、アサーティブな対話ができているときです。

■アサーティブなコミュニケーションがもたらすもの

アサーティブな対話ができると、お互いの間に横たわっていた問題が解消できるので、わだかまりもなくなり、気持ちよく仕事ができるようになります。あるいはすぐに解決には至らなかったとしても、もうそのことで一人悶々と悩まなくていいのです。

実はこんなふうに、「わかってさえもらえたら、問題は解決していないけれども、なんだかスッキリしてしまう」ことって意外と多いものです。

自分一人で苦しんでいた気持ちや、到底わかってもらえないかもしれないと恐れていたことを、「そうだったんだ、知らなかったよ」「大変な思いをさせてしまっていたね」と相手からの理解や共感を得られることで、気持ちが一気に晴れ晴れとして、それだけで「言ってよかった」という気持ちになるものです。孤独に感じられていた状態から、相手がパートナーとなって助けてくれるとわかり、心強い気持ちになれるのです。「一緒になんとかしよう」という姿勢さえお互いの間にできれば、あとはどんな問題でも乗り越えられる知恵は出てくるものです。

ですので、アサーティブな対話ができた後は、お互いの信頼関係もより深いものになります。もちろん、すべてうまくいくときばかりではありませんから、短期的にはお互いの間に緊張が走ったり、少しギクシャクすることもあるでしょう。しかしそこで諦めず、アサーティブな対話を続けていく中で、「私を信頼して打ち明けてくれてありがとう」、「難しい問題だったけど、お互いに敬意を払って話し合えたね」という、一歩踏み込んだからこその深い信頼関係が築けるのです。

②アグレッシブ（攻撃的）

アグレッシブは、攻撃的なコミュニケーションスタイルです。自分の意見を大切にし、はっきり主張はするものの、相手に対する尊重・配慮が欠けてしまっているやり方です。「自分が正しい」「あなたは間違っている」といった、その場の主導権を握り、相手より優位に立とうとする態度や、勝ち負けで物事を決めようとする意識が見え隠れしているやり方ともいえます。アサーティブは「自他尊重」でしたが、アグレッシブは「自分は尊重、他者は尊重していない」状態です。

アグレッシブになっているときは、自分が通したい意見を主張することに一生懸命になってしまい、相手の言い分や気持ちは無視したり、軽視してしまいがちになります。

そのため、相手の話を最後まで聞くことができません。相手がまだ話しているのにさえぎって自分が話し出したり、「だからこういうことでしょ」と結論を奪ってしまったりします。相手が伝えてきたことを「そんなはずはない」などと安易に否定してしまったり、「こうしたい」という要望に対して、「そんなことできるわけない」とよく吟味もせずに、軽くいなしてしまったりもします。

ときには怒鳴ったり、早口でまくしたてたり、机をどんとたたくなど、威圧的な振舞い方も飛び出します。無意識に相手を萎縮させ、口を挟ませないことで自分の思い通りに進めようとしてしまうのです。

こう聞くと「私はそんな荒っぽいマネはしない」と思う方もいるかもしれませんね。そんな方でも意外とやりがちなのは「理詰めで追い込む」というやり方です。声は荒げずとも、冷静に「先日私はこう言いましたね、そのときあなたは『はい』と言いましたよね、なのになぜ今こうなっているんでしょうね」と、淡々と逃げ場をなくすように追い込んでしまった経験はありませんか。

むしろ「猫なで声のアグレッシブ」ということもあるでしょう。優しく言いくるめるようなトーンで、「こうしてごらんよ」「これが一番だよ」「こうするのがあなたのためなんだよ」と、笑顔の仮面をかぶって相手を意のままに操作しようとしてしまったりします。いくら表面上が冷静であろうと、優しさを装っていようと、相手を自分の思う通りに従わせようとしていれば同じことです。

また「会話の独占」も一つのアグレッシブです。自分がしゃべりっぱなしで、時間いっぱい主張を続け、「じゃあこれが今日の結論ということでいいですね」と相手に疑問や反論をさしはさませることなく会話を終えてしまうのです。これは会議場面などで、ポジションの高い人の振る舞いとしてしばしば見られがちです。

いずれにしても、他人の意見や考えを軽視して会話の主導権を握り、自分の意見がいつも結論になるように話を進めてしまうわけです。キャッチボールでいうところの、ピッチャー役ばかりを自分が牛耳り、相手の球を受け止めるキャッチャー役がおろそかになってしまっているのがアグレッシブです。

■アグレッシブなコミュニケーションがもたらすもの

このようなやりとりが続くと、当然周りの人はいい気持ちはしません。「あの人と話すと、いつもあの人の思い通りの結論に持っていかれてしまう」とか、「あの人と話すといつも否定される、軽くあしらわれる」などの不愉快な気持ちを味わうことになります。

すると周りの人の耳や口をふさいでいきます。「この人の言うことをまともに受け止めるとズダボロになるから話半分に聞いておこう」と話し合う前から固い殻を作らせてしまったり、「この人に言ったってどうせ聞く耳もたれないんだから言わないほうが賢明だ」と口をふさがせてしまいます。

こうなると人との距離がどんどんできてしまい、関係が悪くなるので、一層自分の言うことを聞いてもらいにくくなり、苛立ちを覚えてますますアグレッシブな主張に傾いてしまうようになります。

あるいは、自分の持っている何らかのパワー（立場や権威など）を用いれば、相手を従わせることはできるかもしれません。ただしそれはあくまで一時的なものにすぎません。

無理やり相手を従わせた場合、あとでしっぺ返しを食らうことになります。「先日これをやるって決めたはずだよね」と迫っても、「いえ、あれからもっと緊急の案件が入ってしまったので…」などとあっさりくつがえされた経験はないでしょうか。無理やり取りつけた合意や約束は、相手にしてみれば心の中では不承不承なので、なんとか反故にできないかチャンスをうかがっていたり、極力やらずに済ませようとします。または、やってくれたとしても、形だけ整えたような、実のない内容だったりします。

さらに無理強いされた苦い思いを相手は忘れませんので、いつか立場などのパワーバランスが逆転したときには、お返しをされることにもなりかねません。あるいは、「この人が何か頼んできたとしても、もう二度と応じてやるものか」という固い決意を作らせてしまっているかもしれません。

このように、短期的には自分の思い通りの結論を手にすることができても、長期的には人間関係を損ねてしまい、うまくいかない状況をつくりだしやすいのがアグレッシブなコミュニケーションスタイルです。

またこのようにして自分の思い通りの結論を手にしたとしても、自分自身も、相手をやり込めてしまった後味の悪さを感じていたり、その後味の悪さを覆い隠そうとして、必死で「自分は悪くない」理由を探すことになり、決していい気分ではありません。

③パッシブ（受身的）

一方のパッシブとは、受身的、非主張的なコミュニケーションスタイルを指します。相手の考えや気持ちは尊重するものの、自分の考えや気持ちを軽視してしまい、大事にしないやり方です。

二人の間に何か困った問題があっても、問題解決をすることより、当面の人間関係の維持を優先するスタイルともいえます。揉めそうなことであれば、自分の気持ちや意見は飲み込み、引っ込め、表現しないことで相手との衝突を避けようとします。

パッシブになっているときは、自分で自分の気持ちをすかさず否定してしまいます。「こんな言われ方は嫌だなぁ、でもこれぐらいのことみんな我慢しているし…」とか、「なんでこっちがそこまでやらなきゃいけないんだ！　でもそんなこと言ったら波風を立ててしまうし…。こっちでやろうと思えばできなくもないし…」など、感じている苦痛や湧いてきた不満を、自分の中ですかさず押し殺してしまいます。他人の気持ちに耳を傾けようとしないのがアグレッシブでしたが、パッシブは自分の気持ちに耳を傾けようとしないのです。

どうしても言わなくてはいけないときは、曖昧な言い方をしたり、言い訳がましく言ってしまいます。「え〜っと、私の意見は一応このような内容ですが、でもご経験豊富な○○さんの意見のほうが重要ですし、…あ、やっぱりそちらの方がいいですね！　私の言ったことは忘れてください！」など、口にしながら相手の反応を探り、相手の顔色しだいですぐに引っ込めてしまいます。自分の提案に自分で責任を持とうとしていないのです。

自分が「選ぶ、決める」ということもなるべく避けようとします。「これどう思う？」と聞かれても、「いえいえ、○○さんが決めてください」と相手に委ねてしまいます。選んだり、決めたりすることは、相手の意に反する可能性がありますからね。ところが、実はそのような態度が、「あなたの意見はないわけ？」とか「責任をこちらに押しつけないでよ！」など、かえって相手を苛立たせていることもあります。

このようにアグレッシブとは逆で、キャッチボールのピッチャー役をきちんと務めようとせず、相手の球を受け止めるキャッチャー役ばかりに回ってしまうのがパッシブです。

■パッシブなコミュニケーションがもたらすもの

このようなやりとりが続くと、相手はこちらを軽んじてくるようになります。「この人に聞いてもどうせ意見は出てこないから、こっちで勝手に進めちゃおう」と人から無視されてしまったり、「この人イヤって言わないから、本当は私の仕事の範囲だけれど、お願いしちゃえ」など、人からいいように扱われてしまったりします。自分で自分の考えをおろそかにしているうちに、他人もあなたの考えをおろそかにするようになってしまうのです。

また相手の気分を損ねないこと、嫌われないことを最優先にしているので、常に相手の顔色をうかがうことになり、気が休まりません。「さっき私が発言したことで、あの人怒っているんじゃないかな…」と気を揉むことが多く、緊張の高い生活を送ることになります。「これは言うべきだから言ったんだ」などと自分の行動に信頼が持てていれば、相手の反応はどうあれ、大きく後悔したり動揺することはないのですが、「相手がどう思うか」という自分ではコントロールできないことに自分の行動の成否を委ねてしまっているので、「言わなければよかった」とか、「もっと違う言い方をすべきだった」と後からくよくよ悩んでしまうのです。

また人の期待に応えよう、評価を落とさないようにしようとして、自分の限界を超えてがんばりすぎることにもつながります。与えられた仕事は全部引き受けたり、困っている同僚がいればどんなに自分が疲れていても助けたり…など、自分の時間とエネルギーを他人の求めに応じることで使い果たしてしまうのです。結果、心身の問題を引き起こしやすくなってしまいます。

パッシブの困ったところは、一見「大人の振る舞い」をしているように自分でも錯覚しやすいところです。「相手に合わせてあげた」「黙って引き下がってあげた」というのは、ある種の美徳のようにも感じられます。ところが本当は、そこに不満や怒りがないわけではありません。そのため心の中では、相手へのうらみつらみが溜まっていくのです。

例えば、人員が削減される中、複数のプロジェクトを抱えているＡさんは、なんとか大量の仕事をこなすべく連日がんばっていました。ところがそんなとき、上司から「仕事の報告が遅い！」と叱られてしまったのです。

Ａさんは「ふざけるな！　私がどれだけ仕事を抱えているのかわかっているのか」と瞬間的に強い怒りを感じましたが、「どうせこの人には言ってもわかってもらえないし…」とか、「下手にたてつくと立場が悪くなるし…」などと考え、最後は「いいやもう」と黙っておくことにしてしまいました。

Aさんはまるで自分が「怒りを収めた大人」として振る舞うことができ、うまくやっているような気がしていますが、決してそうではありません。その証拠に、そのときのことを後から思い出してはむかむかして、少しも気持ちよく過ごせていないのです。再びその上司と顔を合わせたときも、嫌な気持ちがまた湧き起ってきてしまいます。

このように、「我慢したつもり」はあくまで「つもり」でしかないのです。そしてどこかでその溜め込んだ不満を大爆発させてしまうことにもなります。ずっと我慢を重ねた挙句、「もうあなたとはやっていけない！」といきなり別れを突きつけてしまったり、「こんな会社、辞めてやる！」と辞表を叩きつけたりなどの、「超アグレッシブ」なスタイルに突如変身してしまうのです。

これはとても皮肉な話ですよね。人間関係を維持したいからこそ、これまで我慢を重ねてきたのに、最後の最後に堪忍袋の緒が切れて、自分からその人間関係や居場所を破壊してしまうわけですから。

またパッシブでやり過ごした場合、そこにある問題は当然解決されていません。ですので、問題は繰り返し生じたり、時にはエスカレートもしていきます。

例えばあなたが、「本当はここはお客様にやってもらうはずの作業範囲なんだけれど…。

そんなこと言ってご機嫌を損ねたら困るから仕方ない、こちらでやってしまおう」と何も言わずにその作業範囲を引き受けたとします。するとお客様は次回のとき、「前回ここやってくれましたよね。ですから当然今回もやってもらえると思ってます。あとさらにこの部分もやってほしいのですけど」とさらに過大な要求してくるかもしれません。あなたが最初にきちんと「ここはお客様にやっていただきたい作業範囲です」と伝えなかったために、黙って譲歩したつもりの範囲を、相手は「当然のこと」なのだと思い、「だったらもっと」と求めてくることにもつながるのです。

このようにパッシブであるというのは、「問題がない」わけではなく、「ないふり」をしている行為です。揉めるのがいやなので、「問題の先送り」をしているに過ぎません。問題が小さなうちに問題解決をすることをせず、先送りした結果、問題はより大きく、極端な形で表面化することになります。

昨今たびたびニュースで騒がれている組織ぐるみの不正問題もその一つの例でしょう。現場の一人一人は「これってまずいよね」と感じていたに違いありません。ですが気づいてはいたものの、「上がそうしろっていうから…」「これまでの慣習だから…」とパッシブにやり過ごしてしまった結果、表沙汰になったときには組織の評判や存続を大きく揺るがす問題にまで膨れ上がってしまっているのです。

このように、短期的には波風を立てず、人間関係の維持ができたとしても、長期的には問題を継続・悪化させ、さらに大事にしたかった人間関係や居場所自体も壊してしまいかねないのがパッシブなコミュニケーションスタイルです。

コラム　不満は思わぬタイミングで顔を出す

私は趣味で社交ダンスを習っているのですが、ダンス仲間が集まった飲み会で、あるとき「やってしまったなぁ」と思うことがありました。

お酒も入って場も盛り上がってきたころ、つい自分のペア相手への不満をみんなに対して言ってしまったのです。

「もう聞いてよ、この人、先生みたいに私に対して教えてくるんだよ！　対等なペア相手なのにさぁ」といった具合です。そのあとは「わかるわかる～」「うちもそうだよ！」と大盛り上がりでしたが 笑

ただ、その場に一緒にいたペア相手は苦笑いといった体で、「あっ、居心地悪い思いさせてしまったなぁ…」と、あとでちょっぴり反省しました。

ただこういうとき、いつも「これぐらい我慢我慢…」と思っていることが、思わず口をついて出てくるので、自分でも驚くことがあります。

「言っても仕方ないか」と割り切っていたり、あきらめていたつもりのことが、何かのはずみで出てきてしまい、「ああ、やっぱり私はそれが不満だったのか…」と改めて気づかされるのです。

こんなふうに、心の奥底に溜めている不満は、表面上うまく取り繕っているつもりでも、あるときひゅっと顔をのぞかせます。やはり不満は押し殺すのではなく、きちんと一つずつ解消していけるとよさそうですね。

（3）3つのスタイルを踏まえて

①「スキル」としてのアサーション

さてこの3つのスタイルですが、これは決して「あなたはアグレッシブタイプね」とか「私はパッシブ人間だな」などと、固定のスタイルとしてレッテルを貼りたいわけではありません。もちろん傾向としていずれかのスタイルをよく用いやすいということはあるにせよ、実際はどんな人であれアグレッシブな側面もあればパッシブな側面も持っています。相手に応じて、状況に応じて、アグレッシブもパッシブも顔を出すものです。

左記は研修の参加者に、「あなたはどんなときにアグレッシブ／パッシブになりやすいですか」と聞いたときによく出てくる状況です。

【アグレッシブ】

・どうしてもこうしたいという思いが強い件のとき
・自分が折れたらチームに大きな負担が生じるような交渉のとき
・自信がある（専門領域、長年やってきた、ベテランであるなど）とき
・相手がアグレッシブ（一方的、威圧的、攻撃的など）なとき
・何度注意しても直らないとき、同じことを繰り返されたとき
・相手に明らかな落ち度（ルール違反、ミスなど）があるとき

・焦っているとき、時間がないとき、余裕がないとき
・自分の立場が強い（発注側、上司など）とき
・家族に対するとき
・味方がいるとき

【パッシブ】
・どうでもよい件（思い入れがない件）のとき
・自信がない（詳しくない、日が浅い、新参者であるなど）とき
・相手がアグレッシブ（一方的、威圧的、攻撃的など）なとき
・何度言っても変わらず、諦めてしまっているとき
・自分がミスをしていたり、負い目があるとき
・疲れているとき、元気がないとき
・時間がないとき、余裕がないとき
・自分の立場が弱い（受注側、部下など）とき
・会議など大勢の人がいるとき
・味方がいないとき

こうしてみてみると、たとえば「自信があるとき」と「自信がないとき」のように、アグレッシブとパッシブは対をなしている状況のこともあれば、「時間がないとき」など同じ状況がアグレッシブにもパッシブにもなりえることもあるとわかります。あるいは「何度言っても変わらない」のでだんだんアグレッシブになってしまい、それがやがて「何度言っても変わらないので諦める」パッシブになり、ふたたび我慢しきれずにアグレッシブになってしまう、など両者のスタイルをいったりきたりすることもあるでしょう。

このように状況次第で私たちの中でアグレッシブな自分が顔を出すこともあれば、パッシブな自分が顔を出すこともあるのは自然です。アグレッシブやパッシブになってしまうこと自体が間違っているというわけではありません。ただこれからは、「さっき自分はアグレッシブ／パッシブになっていたかな」と自分の振る舞いを振り返ることができますし、その上でアサーティブな自分を選ぶこともできます。

そしてアサーティブなスタイルは自然発生するものではありません。アグレッシブやパッシブがこれまで生きてくる中で自然と身に着けてきたスタイルだとしたら、アサーティブは意図的に学んで身に着ける必要があるスタイルなのです。

というのも、これまであなたの周りで、アサーティブなやりとりを目にする機会はありましたか？　このような社会的スキルは、周りにお手本になる人がいて、それを目にしていれば自然と身に着くこともあります。あるいは子ども時代から、アサーティブを身に着けている大人から「こういうときはこういうふうに言うんだよ」と教わっていれば同じく身についていたかもしれません。ただ残念ながら、特に日本社会では、そのようなお手本を見ることや、直接教えてもらえる機会は少なかったでしょう。大人になった私たちは、自分の努力で身に着けることが必要なのです。

ただ逆に言えばアサーションができるかどうかは、決して性格などの問題ではなく、あくまでスキルの問題です。練習を繰り返せば必ずできるようになるものです。

またアサーションを学んだばかりの人から、「どうもぎこちない」とか、「これまでのやり方と違いすぎて違和感がある」という声もよく聞きますが、それも当然といえます。どんなスキルもいきなり自然にできたり、身に馴染むということはないでしょう。

スポーツや楽器などのスキルを身に着けるときと同様に、コミュニケーションスキルもぎこちなさがとれて自然とできるようになるには、繰り返し練習することが必要なのです。

②コンフリクト解消モデルにおけるアサーションの位置づけ

ところでここまで見てきた3つのスタイルは、次のページの図（**図1**）のような位置づけとして整理できます。これは交渉学でしばしば出てくる「コンフリクト解消モデル」の図をベースにしたもので、縦軸は「主張性（自分への配慮）」の度合い、横軸は「協調性（相手への配慮）」の度合いを示します。

さて、アグレッシブはどこに位置するかといえば、自分の主張は強く行い、一方で相手への配慮が少ないという左上が該当します。よってメリットは「自分の主張を通すことはできる」こと、デメリットは「相手との関係にひびが入る」ことといえるでしょう。

一方のパッシブはどこかといえば、自分の主張は強く行わず、一方で相手のことは配慮するという右下が該当します。よってメリットは「相手との関係を表面的ではあるが維持できる」こと、デメリットは「主張しないことで自分が何らかの負担や犠牲を引き受ける」ことになります。

ではアサーティブはどこかといえば、右上に該当します。自分の主張ははっきりと行いますが、一方で相手の話にもよく耳を傾け、相手にとっても良い解決の形を探ろうとします。また問題から目を背けることなく、しっかり踏み込んで胸襟を開いて話し合うことで、「雨降って地固まる」というような、より深い信頼関係を築くことにつながります。

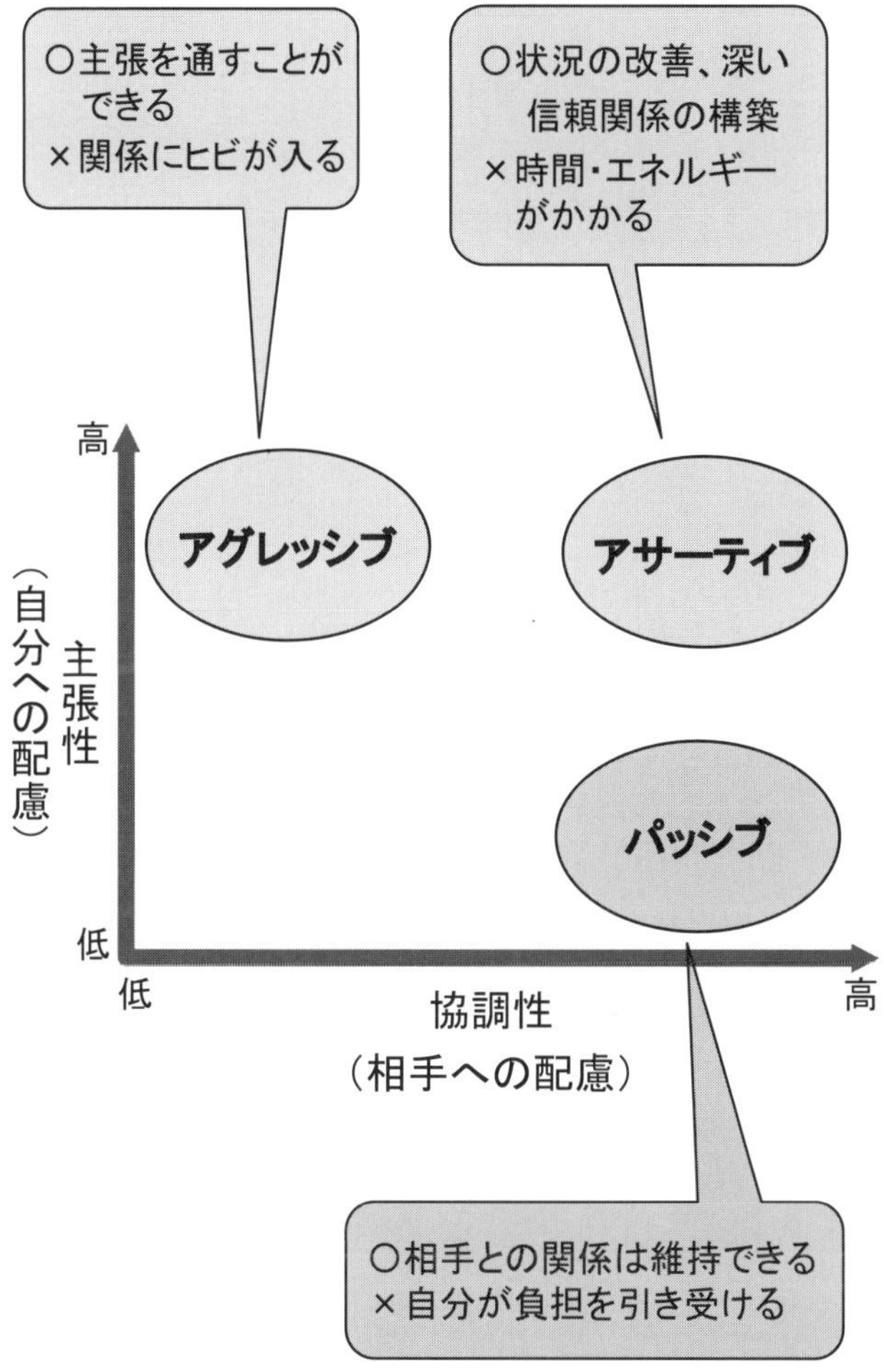

図１：３つのコミュニケーションスタイルの位置づけ

③「選択肢」としてのアサーション

そうなるとアサーティブとは万能なスタイルなのだろうかと思えますが、やはりアサーティブにもデメリットがあります。

それは「時間がかかる／エネルギーがかかる」ということです。アサーティブな対話は、言いにくい話題を問題提起して、対立点や問題点に向き合い、お互いが納得できるまで粘り強く話し合うのですから、時間やエネルギーが必要とされる行為なのです。

相手とじっくり腰を据えて話し合おうなどせず、自分の持っている何らかのパワーで相手を従わせてしまったり、あるいは四の五の言わずに相手に合わせてしまったほうが、手っ取り早く、楽でもあるわけです。

なので、実はいつでもアサーティブを選ばなければいけないわけではありません。「今回の件はそこまで時間やエネルギーをかけることではない」というときは、アグレッシブやパッシブに振舞うことを選んでもいいのです。いつどんなときでも、「アサーティブでなくてはならない」ということはありません。「アグレッシブに振舞うことも、パッシブに振舞うことも、アサーティブに振舞うこともできる」という選択肢を手にできており、自ら選ぶことができるのが、望ましいありかたです。

ただ、この選択肢を手にしているのかいないのか、というのは大きな違いです。「言おうと思えば言えるけれど、言わない」というのと、「とても言えやしないから、言えない」というのでは全く気持ちのありようが違いますね。主体性を持って判断し、言うのも言わないのも自分の選択においてなされていることが重要なのです。

■「時間がかかる」のもう一つの意味

また、アサーティブな対話を目指していたとしても、最初からそのような対話にならないこともありえます。「今日こそはきちんと自分の意見を言おう」と思っていたのに、いざ面と向かったら結局自分の言いたいことが一つも言えずにパッシブで終わってしまうこともあります。あるいは「今日こそはきちんと相手の言い分を聞こう」と思っていたはずなのに、気づけば熱くなって相手の言い分を一つ残らず叩き潰し、自分の結論を相手に押しつけるアグレッシブになってしまっていた…ということも起こります。

またこれは相手にしてみても同様です。例えばあなたはこれまで上司に対して意見をはっきり言わずに、なんでも上司の言う通りに従ってきたとしましょう。そんなあなたがある日突然、自分の意見をアサーティブに言うようになったらどうでしょう。上司は驚いて脅威を覚え、「なんだ、急に歯向かってきて」とこれまで通り自分の意見に従わせようとするかもしれません。これまで長い間パッシブ－アグレッシブで成り立っていた関係が、ある日突然がらりと変わるのは難しいでしょう。粘り強く、自分の意見を聞いてもらえるよう、何回も繰り返し自分の意見を言うようにしていかないと、相手もすぐには聞く耳をもってくれないのです。

このようにアサーティブな対話を心がけたその日からアサーティブな対話が実現できるかというとそうではなく、何回も話し合いを繰り返して、自分も相手もだんだんとアサーティブなキャッチボールができるようになっていくのです。その点でも時間がかかると言えるでしょう。

第2章　組織の風通しを良くするアサーション

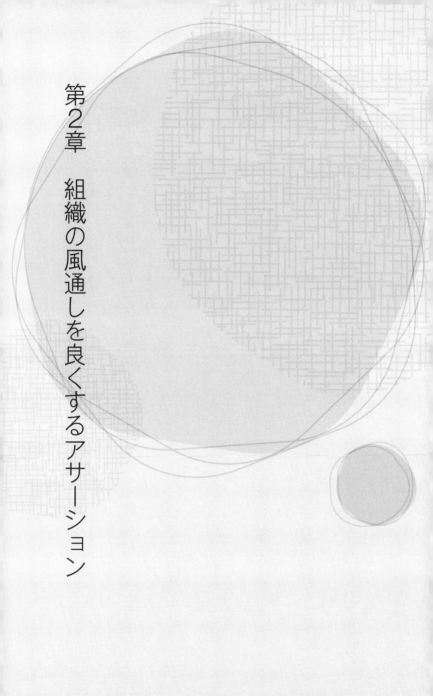

(1) アサーションが求められる背景

ここでは特に現在のビジネス環境において、アサーションが求められる背景を考えてみましょう。

第1章では「多様性の高まり」という観点でお伝えしました。それ以外にも、さらにどのような点があるのでしょうか。

①リモートワークの増加

コロナ禍をきっかけとして、リモートワークがここ数年で一気に増えました。コミュニケーションの手段も、オフィスで顔を見ながらの会話から、チャットやメールなどのテキストコミュニケーションや、オンライン会議へと移行しました。

その結果、新たな課題も生じています。一つに、仕事をする上で欠かせない「サポートを求めること、提供すること」へのハードルが上がっている点があるでしょう。

リモートワークで問題なく仕事ができるのは、ある意味「すでに仕事が問題なく回せる人」です。自分の仕事を遂行する上でとくに大きな不明点はなく、同僚や上司の人となりも把握していて、コミュニケーションの必要性が出てきても、誰に何をどんなふうに聞いたり伝えたりすればいいかわかっている人です。こういう人はリモートになろうと、特に大きな不都合を感じることは少なそうです。

一方で、新入社員や中途入社、部署異動してきたばかりの人などはどうでしょう。わからないことばかりだけれど、何から聞けばいいのかも、誰に聞くのが適切なのかもわからない。聞きたい相手がどんな性格の人で、どんな仕事をしているのか、どれぐらい忙しいのかもよくわからない。チャットやメールなどでは聞きにくいこともたくさんあり、とはいえオンライン会議を設定したくても、相手は1日ぎっしり会議予定が詰まっている。

オフィスで顔を合わせている状況だったら自然と見えてきたことや、聞くチャンスが得られたことが、いつまで経ってもつかめない、得られないままでいることが多いのです。

こうなると、一人で悩みや疑問を抱えたまま、非効率な仕事の進め方をせざるをえません。仕事が思うように進まないことでイライラしたり、「期待外れだと思われているのではないだろうか」「さぼっていると思われているのではないだろうか」などと、新しい職場での自分の評価を心配したりして、精神的に不安定にもなっていきます。

こうして孤立した気持ちになり、うまく軌道に乗ることができないまま、新しい職場になじめずに離脱してしまうことが少なからず起きているのではないでしょうか。

そんなときアサーティブな考え方が身に着いていれば、サポートを求めることに積極的になれます。サポートを求められないときは、「まだ何の役にも立てていない自分が、忙しい人の手を煩わせるなんて」とか「わからない自分が悪いのだ」などの「I'm not OK」という自己否定的な考え方がブレーキになっていることが多いのです。

そんなときアサーティブになるとは、自分に対して、「I'm OK（自己肯定）」という考え方を持つことです。

だって「入ったばかりでわからないことがあるのは当然」ですし、「一度聞いたのに、うまく理解できないことがあるのも当然」ですよね。アサーティブは完璧な自分ではなく、不完全な自分であることにOKを出すことが出発点です。

そう考えることができて初めて、「進め方がわからず困っています」とか、「一度聞いたことで恐縮ですが、もう一度教えてください」とか、「お忙しいことはわかっていますが、毎日15分でも1 on 1ミーティングの時間を取ってほしいのです」といった、と困りごとや要望を率直に表現できるようになります。

また、そのような人に対して、周囲の人もアサーティブな考え方を身に着けることで、必要なサポートを積極的に提供できるようになります。

リモートワークで孤立している人の周囲の人たちは、決して冷たい人たちだから放っておいているというわけではなく、「相手も大人だし、余計な口出しになってしまったらかえって迷惑だろう」とか、「直接的に手伝えるわけでもない自分が声をかけても邪魔するだけだろう」など、やはり「I'm not OK」という自己否定的な考えがブレーキになっているることが多いのです。

そんなときにやはり、「I'm OK（自己肯定）」の構えをもって、「余計なお世話と思われるかもですが、最近○○さんの元気がないように見えて心配です」とか、「私が直接手伝えるわけではないので心苦しいのですが、何か役に立てることはないかなと思って」など、声をかけてくれたらどうでしょう。それだけで孤立した気持ちになっている人は救われるのではないでしょうか。

リモートワークという孤立を生みやすい環境で、アサーティブな考え方を身に着けることは、サポートを必要としている人と提供する人の双方が一歩積極的になることを後押ししてくれるでしょう。

②パワハラへの対応

アサーションが求められるまた別の背景に、「パワハラ」への対応という点が挙げられます。

昨今、「パワハラ」という言葉が広がったために、そのような言動への目線が非常に厳しくなりました。この言葉や認識が広がったことで、これまでひたすら我慢するしかなかった被害者の方にとっては、声があげやすくなり、救われた人もたくさんいるでしょう。

しかし一方で、私が多くのビジネスパーソンの方と交流してきて感じるのは、「パワハラ的言動をよしと思っている人はめったにいない」ということです。

上司の立場にある人の一部は「そんなつもりはないけれど伝え方がまずくてそのように受け取られてしまう人」、そしてそれよりももっと大多数が、「パワハラと呼ばれることを恐れて、必要な指導ができなくなってしまっている人」です。

多くの上司の方が、「こんなことを言ったら今どきの若い人はパワハラと受け取るかも」と心配しています。結果、注意すべきことを言わずに済ませたり、やんわりとした言い方でお茶を濁そうとしてしまうのです。ただ、これは実は相手をスポイルしていることにもなりかねません。注意を受けるべきときに受けることができなかったら、その部下は不足や間違いに気づかず、必要な成長を遂げることができません。勇気を出して、必要な注意や指摘は伝えることが上司には求められます。

そのような上司の方にとってはアサーションを学ぶことで、伝え方に自信が出ます。攻撃的ではなく、あるいは婉曲的ではなく、率直に伝える方法がわかると、「言えない」と感じていた指摘が「言っても大丈夫」に変わるでしょう。

何より「自分が伝えるべきと思ったことは伝えるほうがいい」と自分の行動を信じるこ

とができるようになります。「もしかするといつか自然と自分で気づくかもしれない。でも、いま私が気づいていながら黙っておくのは無責任だ。嫌がられるかもしれないが、やはり上司としてきちんと伝えよう」と、ためらう気持ちも踏まえた上で、納得のいく選択ができるようになります。

もちろん、指導したことで不安が残ってしまうこともあるでしょう。ただそんなときも、「昨日あなたに○○の注意をした後、元気がなくなったようで心配になってしまった。私の言い方はきつかっただろうか?」と聞いてみればいいのです。

言いっぱなしがアサーションではなく、その後のフォローも含めたコミュニケーションがアサーションだと思えば、また少しハードルが下がるのではないでしょうか。

また、部下の立場の人にとってもアサーションを身に着けることは有益です。例えば強い言葉で叱責されたり指導されたと感じたとき、ただ黙って我慢するのではなく、そのときの気持ちを表現することも重要です。

「そのように言われると、頭が真っ白になってしまいます」
「ご指導はありがたいのですが、一度にたくさん言われると混乱してしまいます」
「先日、『○○』と言われたあと、しばらく落ち込んでしまいました」
など、自分が上司の指導を受けたことで、どんな気持ちになったのかを表現できれば、上司も自分の指導の仕方を振り返ることができるのです。「この上司はパワハラ上司だ！」という考えが頭をよぎると、つい「話し合っても無駄」という気持ちになりがちですが、相手を決めつけてみないことは大切です。

こうして考えてくると、「パワハラ」という言葉のインパクトの強さに、上司は上司で「言ってはいけない」、部下は部下で「話し合っても無駄」という思い込みが生じて、双方のコミュニケーションを奪ってしまっている側面もあるようです。

多くの若い人は、きちんと必要な注意や指導を受けて、成長したいと願っています。上司から耳の痛い指摘を受けたとしても、やみくもに「パワハラだ」というつもりなどない人がほとんどです。

また多くの上司は、有益なフィードバックを受け取り、自分の指導の仕方を改善させたいと願っています。部下から率直な気持ちを表現されたとして、やみくもに「生意気だ」というつもりなどない人がほとんどです。

アサーションを身に着けることで、上司／部下それぞれの立場から、「相手が本当はどう感じたのか聞いてみよう」「自分がどう感じたのか伝えてみよう」と、話し合いに一歩踏み出すことを後押ししてくれるでしょう。

③メンタルヘルスへの対応

アサーションを身に着けることは、ストレスマネジメント力を高めることであり、メンタルヘルスの問題を防ぐことにつながります。

一つにはアサーションを身に着けることで、自分の苦しい状況をきちんと周囲に伝え、改善や変更を求めるという、環境に働きかける力を得ることが挙げられます。

多すぎる仕事量を減らしてもらう、一人で抱えている仕事を誰かと分担できるようにしてもらう、傷つくような物言いを変えてもらう、休みを取れるように配慮してもらう、在宅勤務を認めてもらう…など、自分の心身の負担を減らし、快適に働けるよう環境を変えるには、能動的なコミュニケーションが欠かせません。

どう言えば苦しさをわかってもらえるか自信がなくて言えずじまいになっている人や、あるいは実際に伝えたけれども「変わらなかった」という経験をしたことがある人が、相手に届く効果的な伝え方を身に着けることで、ストレスの原因を減らすことができます。

ただ、この「他者と向かい合って話す」というアクションの前に、もう一つやるべきことがあります。

それは「自分自身とアサーティブな対話をする」ということです。

辛い状況にある方は、実は自分自身とアサーティブな対話を行えていないことが多いのです。

私が研修で出会ったある人もそうでした。その方は若くしてリーダーの立場にあり、不足しがちなチームの人員を補うべく、2～3人分の仕事を引き受けているような状態でした。そんな状態を長く続けた後、疲れ切ってしまい、心では「もう頑張れない」と感じているにもかかわらず、頭では「もっと頑張らなくてはいけない」と考えているようでした。

その方のお話を聴いていますと、「以前はもっと集中してたくさんの仕事をこなせていたのに、それができていないのはダメな証だ」とか、「自分がこの仕事を放りだせば、他の誰かがそれを引き受けざるを得なくなってしまう」など、自己否定的だったり、他人の負担は気にするのに自分の負担は軽視する考えばかりが大きくなっているのです。

そんな人には、まず自分の中でアサーティブな対話ができるようになってもらう必要があります。「これまで2、3人分の仕事をこなしてきたのだもの、今は疲れてしまったとしても当然だよね」とか、「他の人に負担がかかるのは確かに心苦しいけれど、だからといって私の苦しさは無視していいわけではないよね」など、アサーティブな自分の声を大きくして、自分に届けてあげることが必要です。自分を大切にする声を自分に向けることができて初めて、それを他者に向かっても伝えることができるようになるのです。

その方も、自分とアサーティブな対話ができるようになって初めて、仕事を分担してもらう交渉や依頼ができるようになり、メンタルヘルスも取り戻すことができたのです。

このようにアサーションを学ぶことは他者との対話スキルを磨くことでもありますが、「自分を大切にする」というマインドセットを身に着けることでもあります。

このマインドセットを維持するのはなかなか簡単なことではありません。企業や組織においては、「身を粉にして働く」や、「他人のために自己犠牲を払う」ということはいまだによしとされやすいマインドだからです。そんななかで「自分を大切にする」というマインドは、しばしば打ち消されたり、小さくしぼんでしまいがちになります。

メンタルヘルスを維持していくには、この「自分を大切にする」というマインドが、個人の中でも、組織の中でも広がっていく必要がありますね。

(2) アサーションのメリット

次はさらに、職場やチームの中で、アサーションが広がることで得られるメリットを考えてみましょう。

①「本当の」心理的安全性を推進する

「心理的安全性」というキーワードもここ数年で一気に広がりました。職場において、自分の失敗やミス、他者への率直な指摘やコメントなど、どう思われるかを気にしがちなことも安心して口にできる空気があることを「心理的安全性がある」と言います。チームに心理的安全性があることが、事故を未然に防いだり、一人一人の働く快適さを高めたり、イノベーションを促進したりと、多くのメリットをもたらします。

この「思ったことを気兼ねなく口にできるようにしよう」というメッセージは、まさにアサーションと共通するものです。心理的安全性はチームや職場の空気という集団の側面から、アサーションは個人のスキルやマインドの側面から、その重要性を伝えているわけですね。

ただ、あまりにも一気に「心理的安全性」というキーワードだけが広がってしまったことで、一部には戸惑いも生じているようです。

前述の「パワハラ」と同様に、「心理的安全性」も、その言葉の広がりによって、多くの人がその重要性を認識するきっかけとなったことでしょう。特にチームの心理的安全性はリーダーの影響力が強いとされていますから、リーダーの立場にある方が「私のチームメンバーは、思ったことを気兼ねなく言えているだろうか」と振り返り、自分の振る舞いやチームの雰囲気に配慮するようになったとしたらそれは良いことでしょう。

一方で、この「心理的安全性」という言葉が拡大解釈されてしまい、「メンバーの発言はそれがどんなものであれ、１００％受け入れなければならない」とか、「部下が間違っていることを言っても、それを否定してはいけない」と受け取ってしまった人もいるようです。

そのため、「そんなことをしていたら、会議でいくら時間があっても足りないし、言いたい放題になってしまって、かえってチームが崩壊してしまう」と戸惑っているマネジャーやリーダーの声も耳にしました。心理的安全性を「思ったことは何でも言ってよい」とか「メンバーから言われたことは全て受け入れなければならない」などと、極端な理解をしてしまうと当然出てくる迷いです。

これは、アサーションが大事にする「責任を持って選択する」ことや、「自他尊重のバランス」という観点が抜けてしまっているゆえに起こる迷いでしょう。アサーションも「自分の考えを率直に言葉にする」ことを推奨しますが、それだけではなく、相手やその場の状況を見て「言うべきか言わないべきか」の判断を自分の責任において行ったり、自分が話すばかりでなく、同じぐらい相手の話に耳を傾けようとするバランス感覚がそこには含まれてきます。また、言われたことに対して全て受け入れるのでもなく、ときに相手の気分を損ねるとしても、反対意見や異なる意思表明をすることも含まれてきます。

単に「思ったことは何でも言える空気をつくる」という理解だけで心理的安全性を推進しようとしてしまうと、陥ってしまう罠といえるかもしれませんね。

本当の心理的安全性は、「思ったことを気兼ねなく」言えるようになった先に、良いチームワークや高いパフォーマンスが発揮されてこそ真価を発揮します。メンバーが「言いたい放題言う」ようになった結果、今度はリーダーがモノを言いにくくなってしまったり、おかしなことをおかしいと指摘できなくなってしまっては本末転倒です。

これまで「思っていることを言えない」というパッシブな状態がチームの問題だったとしたとき、振り子の針が振り切れるように、今度は「どんなことでも言いたいように言っていい」というアグレッシブな状態になってしまっては困ります。

このように「言えない」と「なんでも言っていい」の間でバランスを見失ってしまっている人たちにとって、アサーションの考え方は望ましい振る舞い方やチームの在り方を示す指針となってくれるでしょう。

②仕事のパフォーマンスを高める

私たちの「パフォーマンス」はいったい何で決まるのでしょうか。

ビジネスパーソンであれば頭脳労働が仕事の大部分でしょうから、複雑な思考をしたり、ち密な計画をしたり、様々な情報を統合したり、適切な判断をしたり…といったことがどれだけスムーズにできるかが、パフォーマンスといえそうです。

パソコンだったら、搭載しているスペックによるのかもしれません。でも高いスペックを誇るパソコンも、たくさんの処理を一時にさせていると動きも鈍くなってしまいます。

人間である私たちも同じような側面があります。頭の中にたくさんの心配事や気がかり、ストレスに感じていることがあると、どんどん頭の働きは鈍くなってしまいます。

例えばあなたがある人に仕事を手伝ってもらいたくてメールを書き出したとき、「でも以前同じようなこと頼んだときにちょっと嫌な顔されたんだよね…。また面倒なこと押しつけてきたとか思われちゃうかな…」と迷いだすとメールを打つ手は止まってしまいます。書いては消し、書いては消しを繰り返し、結果、一本のメールを書くのにとても長い時間を使ってしまったりします。

あるいはあなたは会議に出席したあと、「なんてひどい上司だ！　いくら上司だからって部下の発言を馬鹿にしていいわけがない。なのにあの人ときたら…」などと怒りを沸き上がらせますが、「いけないいけない、もうあんなことは忘れて、早くこの仕事を終わらせなきゃ」と目の前の仕事に戻ろうとします。しかし1分も経たないうちに、「でもどう考えてもおかしいでしょ、そもそもあの人が…」など気がつくとまたさっきの会議のことを考えています。そしてまた「いけない、いけない」と仕事に戻ろうとする…。

このように、ストレスを感じた出来事と、目の前の仕事との間で集中を奪い合い、脳内の綱引きをさんざん繰り広げ、そのこと自体で疲れ果ててしまうこともあります。何か心に引っかかることがあると、私たちの精神的なエネルギーはそのことに持っていかれてしまい、目の前の仕事に集中することがとても難しくなります。

アサーティブに話し合うことは、この脳内で生じている綱引きを解消することにつながります。頭の中でぐるぐると考え続けるより、話し合ってみたらどうでしょう。

「先日、仕事をお願いしたときに○○さんがためらっていたから、またお願いしていいか迷ったのだけど…」

「昨日の会議で、私の提案に対して、○○さんが『何も考えてないね』とおっしゃられたのが、いまだに尾を引いています。私なりに検討した上でのつもりだったのでショックでした。どういう提案を望んでいるのか、改めて教えていただきたいのですが…」

など、自分がどのような気持ちなのかを言えるだけでもずいぶんスッキリしますね。

さらに相手から、

「え、そうでしたか？　そんなつもりはなかったけれど、あのときは忙しかったからそう見えてしまったのかもしれません。今は仕事が詰まっていないので、喜んで協力しますよ」

「そうだね、ちょっと私も強く言いすぎたかもしれない。この件は私にとっても重要な件だから、真剣に取り組んでくれていないように思えて、強い言い方になってしまった。例えば、私としては提案には△△ということも踏まえて意見を述べてほしかったんだ」

など、どういうつもりだったのかを話してもらえれば、さらに心は軽くなるでしょう。

私たちはどうしても、最悪の展開を想像して不安や憂うつな気持ちに沈みこんだり、一度生じたネガティブな出来事を何度も頭の中で反芻しては怒りをくすぶらせ続けたりしてしまう脳のクセを持っています。

そんなときにアサーティブに行動を起こすことで、不安や憂うつ、怒りを適切に解消して、あなたの本来のパフォーマンスを取り戻すことができるでしょう。

③チームのアウトプットの質を高める

アサーティブなマインドを身に着けることのもう一つの大きなメリットは、チームのアウトプットの質を高めることです。

チームで仕事をしていると、他のメンバーのアウトプットを目にする機会があります。しかし、それがいつも十分な質であるとは限りません。

・他メンバーの所掌の範囲で今後生じるリスクについて、十分検討できていない気がする
・社内会議で共有された提案書の中身が、どうもピンとこず、魅力的に感じない
・CCで受け取ったお客様宛のメールの文章が、いま一つ気遣いが足りていない

このように、「全くダメ」なわけではないですが、何か気になったり、改善の余地があるアウトプットを目にすることはしばしばあるでしょう。そんなときに「まあいいか」と思ってやり過ごさずに、きちんと伝えることができているでしょうか。

他の人の仕事に口を出すのは簡単なことではないですよね。自分に置き換えてみれば、エネルギーをかけて取り組んだことに対して、他人から「ここが良くない」と言われれば思わずムッとしてしまいます。「何かお気づきの点はありませんか」と自らフィードバッ

クを求めたときでさえ、「ここがちょっとね」と言われると多少なりとも堪えるものです。ましてや相手が求めていないときに、こちらからわざわざ「さっきの○○なんだけどね…」と伝えるのは相当勇気がいります。

また、「自分自身の受け止めが間違っているのかもしれない」という気持ちも生じやすいものです。「皆とくに何も言わないし、わかりにくいと思っているのは私だけかも」とか、「これはこれで、好みの問題なのかな…？」などと疑ってしまうと、自分がおかしなことを言おうとしているような気もしてしまいます。

さらに、上司−部下という指導関係にあるならまだ言いやすくもあるでしょうが、最近は様々な部門からメンバーが集まって一つのプロジェクトチームを結成することも増えました。はっきりした上下関係はなく、それぞれ専門家として技術や経験を持ち合い、一つの目的に向けて協働しあうようなチームです。こうなるとよその部門の仕事の進め方や専門的なことは当然わかりませんから、「あれ？」と思うことがあっても、「これがこの部では当然なのかな」とか「向こうは専門家なんだから、とっくに検討済みなのかな」と考え、ますますブレーキがかかってしまいます。

このような理由から、「なにか良くない」「もう一歩」というときも、きちんとフィードバックができていないチームは多いのではないでしょうか。

しかし、私たちは他人からの指摘やフィードバックがなくては、自分のアウトプットへの不足にはなかなか気づけません。前述の「心理的安全性」の提唱者であるエイミー・エドモンドソン氏も、映画会社のピクサーを例に挙げ、優れた成果を生み出すために「誠実で正直なフィードバックの重要性」を説いています。最初はどんな映画作品も「箸にも棒にも引っかからない駄作」なのですが、周囲から「わかりにくい」「何かが足りない」という点を監督に率直に伝えていくことで、面白い映画になっていくのだそうです。アウトプットの質を高めるには、耳の痛いことでもきちんと伝えあうという、チーム内でのフィードバックの重要性がよくわかるエピソードです。

アサーションは「他の人も同じように感じているだろうか」とか、「間違ったことを言おうとしているのかも」といったためらいを乗り越えて、「でも私はこう感じたんだ」という自分の感覚に信頼を寄せることから始まります。そして「これを伝えることで、少し嫌な気持ちにさせるかもしれないが、チームの目的を達成するためには必要なことだ」と信じて行動を起こすことです。

チームの一人一人が、「ちょっと嫌がられるかもしれないけれど、私が感じたことは言っておこう」というアサーティブなマインドを身に着けたなら、そのチームのアウトプットの質はぐっと高まっていくことでしょう。

コラム　講師の仕事で鍛えられたアサーティブ力

講師の仕事でやはりドキドキするのは、質問タイムです。いくら自分がある領域について深く学んだつもりでも、参加者は思いがけない角度から予想外の質問を投げてきます。

講師の仕事を始めたばかりの頃は「間違ったことを言いたくない」という気持ちから、「正解はなに？」と焦ることもありました。後日、誰かが書いた書籍などから「正解を探す」こともしました。ただ当然正解を見つけたとしても「時すでに遅し」ですし、何より参加者が本気で悩んでいることは「正解がない」ことがほとんどです。

結局、その場で自分にできる一番誠実なことは、「正解かどうかわからないけれど、私はこう思っています」という自分の感覚を信じて伝えることだけでした。そして意外と、あらかじめ正解がわかっているときの答えより、このような想定外の質問に対して、自分の感じていることを言葉として紡いでいったときの答えのほうが参加者は満足してくれるようでした。

「自分の感覚を信じる」というアサーティブに欠かせない力を、講師の仕事が磨いてくれているみたいです。

第3章　アサーションを実践しよう

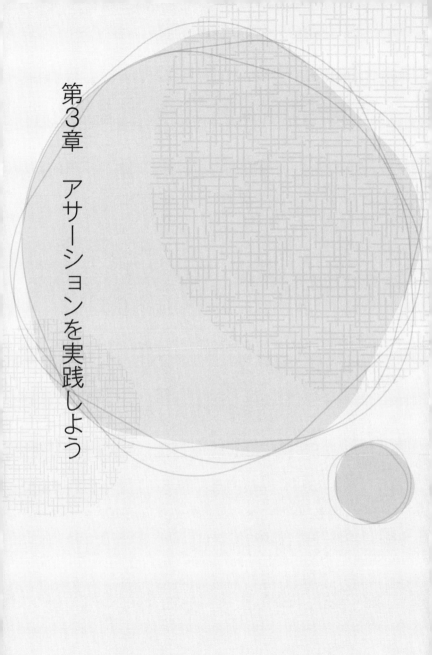

（1）アサーティブに伝えるときの心構え

ここまで「アサーションとは何か」、また「なぜビジネスにおいてアサーションが重要なのか」といった点を考えてきました。いよいよこの章からは「どうやって伝えるのか」という点に入っていきたいと思います。

とはいえ、アサーティブに伝えることを選択したときに、まず心がけてほしい点がいくつかあります。具体的に「どんな言葉で伝えるか」「どう対話を組み立てるか」の前に、ご自分の中で大切にしてほしい指針です。

①感情を認め、表現する

アサーティブな対話では、自分の気持ちや感情を伝えることがとても重要です。私たちがある状況を問題と捉え、相手にわかってもらわねばという事態に直面しているとき、そこには必ずあなたの「感情」が伴っています。そしてその感情を相手と共有することで、二人の間に協力関係が生まれるからです。

ところが私たちは感情というものの扱い方を、これまで改まって教わってきたことはありません。むしろビジネスパーソンとして、「できるだけ見せない」「まるでないように振舞う」ということをよしとされてきたかもしれません。「ビジネスライク」という言葉は、まさに「感情をまじえず、物事を事務的に処理するさま」を指しますね。

しかし本来、感情とは人間にとって、また人間の集団にとって必要だから備わっているものです。そこで、感情を「厄介なもの」とか「押し殺すもの」ではなく、どのような意味があり、どのように取り扱うべきものなのか、感情についての認識をここで新たにしましょう。

■信号としての感情

感情とは、自分にとって大切なものは何なのか、そして今何をすべきなのかを教えてくれる内なる信号です。

例えば「怒り」とは、自分の大事なものが今まさに他者から脅かされようとしていることへの信号です。もしあなたが、大勢がいる前で誰かから馬鹿にされたり、帰ろうとしているところで当たり前のように残業を言い渡されたりしたらとても腹が立つでしょう。それは自分のプライドや面子、プライベート時間といった、大事なものを他者から不用意に脅かされたからこそ感じるわけです。だからこそ、「そんなふうに人前で言わないでほしい」とか「急に言われても困ります」というふうに、自分の守るべきものを守るために主張をすることになるわけです。

「不安」や「心配」は、このあと遭遇するかもしれない危険に対する信号として感じます。もしあなたが、これまでやったことのない業務を急に任されたり、部下から見せられたプロジェクトの計画書が粗い作りだったら、不安や心配を覚えますね。それは仕事で失敗する危険や、計画に落とし穴がある危険を察知したからこそ感じるわけです。だからこそ、「誰かサポートを付けてくれませんか」とか「もう一度計画書を見直してみよう」といった危険を防ぐ対策を他者に主張するわけです。

「悲しみ」は、これまで大事にしてきたものが失われてしまったことへの信号です。もしあなたが、これまで丁寧に関係を築いてきたつもりの顧客からビジネスを打ち切られたり、心血を注いできたプロジェクトが予算の都合で途中終了する目に遭ったら、とても悲しく、がっかりするでしょう。それはこれまでその顧客との関係やプロジェクトを大事に思い、たくさんのエネルギーを注いできたからこそ感じるわけです。だからこそ、「誰か話を聴いてほしい」とか、「しばらく休ませてください」などと援助やケアを求めることになるわけです。

このように感情を信号としてキャッチすることが、「問題に対して声を上げる」「脅威が現実になることを防ぐ」「助けを求める」といった他者へのアクションのきっかけとなるわけです。よって、この自分の中から湧いてくる信号を無視したり、シャットアウトしてしまうと、適切な行動につながりません。

ところが、これらのネガティブ感情に関しては、「感じてはいけない」とか、「感じることは弱さの証」と思っている人も多いでしょう。「辛い」「苦しい」と言ってはいけないとか、「怒ってはいけない」とブレーキをかけようとしている方も多いですね。

しかし、感情は「今何をすべきか」を私たちに教えてくれる重要な情報源ですから、これからは感情を「信頼できる情報」として捉え直してみてください。「これぐらいなんでもない」と湧いてきた感情を無視するのではなく、「ああ、私はこのことにとても腹を立てているんだな」「いま、不安な気持ちになっているな」「今回のことでがっかりきているんだな」と認めてあげてほしいのです。

■他者の行動を促すものとしての感情

そしてアサーティブな対話では、相手に問題解決のパートナーとなってもらう上で、この感情という情報を相手と共有することが重要です。なぜなら、感情は自分の行動を促すだけでなく、他者と共有することで、他者の行動も促す力を持っているからです。

たとえばあなたがあるプロジェクトの進行の遅れに焦り、危機感を覚えているとしましょう。ところが、プロジェクトメンバーにもその危機感が共有できていないと、「大丈夫ですよ、まだまだ時間はありますから」とゆっくり構えて対応を早めてくれないかもしれません。

あるいはあなたが職場で、冗談まじりにセクハラと感じるようなことを言われてショックや怒りを覚えたとしても、相手にそれが伝わらなければ「いいじゃない、これぐらいのこと、ほんの冗談じゃないか」と真に受けてくれないかもしれません。感情が相手にも伝わらないと、相手も「動かなきゃ、変えなきゃ」という気持ちが沸いてこないのです。

ですから、「私は今この状況に大変焦りを感じている。このままいくと大きな遅延につながるのではないかと心配しているんだ」とか、「そのように言われることはとてもショックですし、冗談として扱われることに腹を立てています」とはっきり感情を言葉で伝える必要があるのです。こう伝えられて初めて「これはまずい」と相手も感じ、行動を見直すよう促されるのです。

これは決して、「感情的になれ」と言っているわけではありません。「感情的」というのは、感情を態度で表している人に対して私たちが覚える印象です。たとえば会議から戻ってきた同僚が、ドアを荒々しく開け閉めしたり、キーボードをガチャガチャと打ちだしたたら、私たちは「ずいぶん感情的になっているなぁ」と思いますね。ついでにその苛立ちが自分に向けられたら困りますから、そんなときには「触らぬ神にたたりなし」となるべくその人を遠巻きにしようとするでしょう。

一方、「さっきの会議でね、こんなことを言われて、ひどく腹が立ってね」と静かな口調で伝えられたなら、「とても冷静だなぁ」と思いますね。感情を言葉にして伝えられる人に対しては、私たちはかえって「冷静で落ち着いている」という印象を抱くことになります。これならむしろ私たちはその人に近づいていき、さらに詳しく話を聴いたり、慰めたりしたくなるものです。感情は態度で表現するのではなく、言葉で表現することで、他者は安全に受け取ることができます。

ですのでこの「感情の言語化」は、アサーションを効果的に行うために、磨く必要がある一つのスキルなのです。


このように、感情は自分がとるべき行動を知らせてくれ、かつ他者をも動機づけるということから、アサーションにとって欠かせない重要な存在です。ところが、前述した通り、感情に対しては「無視する」「押し殺す」「ごまかす」などの不誠実な対応を取ってしまっていることが多いのです。

これはあなたのせいではなく、これまで育ってくる中で、あるいはビジネスパーソンとして生きる中で、「感情を自由に感じてはいけない」「感情を表現してはいけない」というメッセージを受け取ってきてしまったために、そうなってしまっているのです。しかし、これから意識して向き合い方を変えることはできます。

これからは自分の中に湧いている感情に対して、「ああ、私は怒っている／不安になっている／悲しんでいるんだな」と気づいて認め、それを言葉で表現できるように心がけていきましょう。

②率直に伝える

自分が何を問題と思っているのか、そのことでどう感じているのか、何を望むのかは、わかりやすく伝える必要があります。相手とキャッチボールをするには、相手が取りやすい球を投げなくてはいけません。ところが、私たちは「言いにくいな」と思うと、しばしば相手が取りにくい球を投げてしまいます。

たとえば感情が高ぶるままに球をいくつもいくつも、剛速球で思い切りぶつけてしまったりします。一度に一つの球を投げるのがキャッチボールの原則ですが、「言いたいけれど言えない」という思いを重ねていくうちに、足元のカゴにたくさんの球を溜め込んでしまうのです。そしてある日、カゴが球であふれかえりそうになって初めて、「こないだもあなたこうしたよね、それからその前だって…」と次から次へと球を投げつけてしまうのです。

当然、相手はたくさんの球をぶつけられて痛いので、「あなただってね…」とお返しに球をぶつけ返してきたり、あるいは何を言っても全て無視するような、身を守る固い殻を作らせてしまうことになります。

または言いにくいなと思うあまり、なんとかはっきり言わずにわかってもらえないだろうかと考え、カーブをかけて球を投げようとしてしまいます。遠回しで婉曲な、わかりにくい言い方をしてしまうのです。

たとえば同僚の汗の匂いが強くて困っているとき、それをまっすぐ指摘することができず、「○○さんは若いねぇ、新陳代謝がいいのかな、私はこんなに汗をかけなくなっちゃったよ」と言ってみたり、急に「○○さん、これ使う?」などと制汗ペーパーを渡してみたりします。しかしそうやってカーブをかけて届けたつもりの球はあさっての方向に飛んでいってているだけで、「何を言っているんだ?」という戸惑いのみ相手に与えることになります。

ときには、相手が手に取ったらチクッとするような、皮肉や嫌味といった、とげつきの球を投げてしまうこともあります。

たとえばチーム全体が突発事項で残業をしているとき、かまわず帰ろうとする同僚に、

「手伝ってくれませんか」の一言が言えずに、「○○さんはお早いお帰りだねぇ」など相手をチクッと刺す球を投げてしまったりするのです。こんな球を投げられては、不愉快な気持ちにこそなれ、「手伝いたい」とはとても思えませんね。

ですから相手に受け取ってもらいたければ、一度に一つ、とげのない丸い球を、まっすぐストレートに投げる必要があります。

また態度でわかってもらおうとせず、はっきりと言葉でキャッチボールすることも大事です。さながらボールをいじくりながら相手をちらちら見るけれど、肝心の球は投げようとしない…といった様子でしょうか。

たとえば上司から意に沿わないことを指示されたとき、ため息をつく、黙り込む、ふてくされながらしぶしぶやる…といった、態度で「いやだ」とか「やりたくない」と伝えるやり方です。これは大人のコミュニケーションとしては問題ありですね。やはり「申し訳ありませんが、今回はできかねます」「こういう理由で、遠慮したいのです」と言葉で伝えることが望ましい姿です。

③対等な態度で

アサーティブとは、相手とパートナーとなり、一緒に問題を解決しようとする態度と学んできました。それは50-50の関係であり、相手との間に何らかの理由に基づいた上下関係を持ち込むと、うまくいかなくなります。

ところが、人と人との間には、上下関係が生まれる理由は数限りなくあります。年齢、性別、出身、学歴や経歴、経験年数、ポジション、知識の差、スキルの差、専門性の差、人脈が多いか否か、外見がいいかどうか、弁舌に優れているのかそうではないのか…など。相手がミスをした／自分がミスをした、ルールや規則を守っている／守っていない、常識にのっとっている／常識から外れている、時代に即している／時代遅れ、多数派／少数派…などもそうです。

相手に自分の主張を飲ませたい…と思ったときに、これらの上下関係に基づくパワーを使うのはとても魅力的に映りますし、実際たやすく使ってしまいがちです。

たとえば、あるベテランの言動が、若手に対して厳しいものだったとしましょう。それを指摘したときに、相手から「そんなことはない、これぐらい普通だ」と言い返されたとします。

こんなふうに予想外に反論されると、自分が言い負かされてしまう恐れから、つい「それは○○さんにとっては普通かもしれませんが、今の時代はパワハラと呼ばれますよ」という、時代を盾に取った言い方をしてしまいます。「パワハラ呼ばわり」されることは恐怖ですから、相手はそれで黙り込むかもしれません。ただ、相手はそのとき、「時代遅れの人物」とレッテルを貼られた腹立たしさや、「あなたの感覚はおかしい」と言われて孤立したような気持ちを抱きます。パートナーではなく、脅かして力で従わせる関係になってしまうわけです。

そこで、相手と話し合うときの姿勢として、これらのパワーを使って話をしないように気をつけましょう。先の例でいけば、「私は隣で聞いていて、とてもショックだったものですから…」と言え添えればいいのです。相手は必ず納得してくれるとは限りませんが、少なくとも手に取ってみたくなる球にはなっているでしょう。

このパワーは必ずしも一般的な上下関係に即しているとは限らず、自分が勝手に思い込み、作り出してしまうこともあります。例えば、「女性の部下は泣かれてしまいそうで叱れない」「今時の若者はすぐ辞めてしまいそうで叱れない」といった上司の声を聞くことがあります。または「メンタル疾患による休業から復帰した人がいて、本当はもっと仕事をしてほしいと思っているが、再発されてしまうと困るので言えない」といった場合もあります。

よく考えると不思議な話ですよね。一見、男性と女性、上司と部下、健康な人と病気を抱えた人といった、力比べをしたら強者の側にいそうな人が、「相手が弱者ゆえに言えない」

と思っているのです。

でも、これは本当に「言えない」のでしょうか。相手が一言でも、「私は泣いてしまうので叱らないでください」とか「辞めてしまいたくなるので叱らないでください」とか、「病気が再発するので、これ以上仕事を私に与えないでください」と言ったのでしょうか。

多くの場合、そんなことを言われたわけではないのに、勝手にそう思い込んでしまっているだけなのです。これは、ある意味相手に対して敬意を払っていない態度ともいえます。その人を「女性」「若者」「病気をした人」などとある一面のみ切り出して見て、「だから言えるはずがない」と決め込んでしまっているのです。本当にその人を一人の人間として敬意を払っていたら、「この人の考えはどうだろう」と話し合ってみようとするはずだからです。

アサーティブな話し合いは、このようにパワーを持ち出さず、力比べをせずに話し合う行為です。相手を一人の人間として、自分も一人の人間として、対等な態度で向き合うことが求められます。

④結果に責任を持つ

アサーティブに伝えるのは一つの選択肢ということをお伝えしました。すると、選択したことで生じる結果も受け入れる覚悟が必要になります。

そもそもアサーションとは、「言ってみる」ことです。「言ったら通る」ではありません。こちらがいくら誠実に伝えても、相手はそれに応じない可能性はもちろんあります。

ところがそんなとき、「こっちがこんなにアサーティブに言っているのに、あなたはなんで受け入れようとしないんだ！」と言ったら、それはすでに「相手の考えを尊重する」というアサーティブな態度ではなくなっているわけです。

コミュニケーションは「伝える」行為と「受け取る」行為で成り立っています。キャッチボールでいえば、ひとたび自分の手を離れた球を、どう処理するかは相手の領分です。こちらの投げた球を、手を伸ばして受け取ってくれるかどうか、その上でどう投げ返してくるかは、自分でコントロールすることはできません。

また、アサーティブに伝えるとは、問題提起することであり、一石を投じている行為です。言わずに済ませてきたことをあえて伝えるのですから、二人の間に波風が立つことも当然あります。お互いの間に緊張が走ることも当然あります。リスクもあるということをわかった上で、それでも言おうとするのがアサーティブに伝えるということです。アサーティブに伝えることで、思い通りの結果を手にすることもあれば、思い通りではない結果を手にすることもある、と受け入れておくことが必要です。

よって、「選択肢としてのアサーション」の段落でもお伝えした通り、アサーティブに伝えることを選択しなくてもよいのです。「パッシブでいる＝黙っている選択肢」も選んでいいわけです。「本当は言ったほうがいいが、ここでは関係がギクシャクすることが何より避けるべきこと」と判断したなら、黙っていたってもちろんいいのです。あるいは、自分にとってそれほど重要でないことであれば、本当は違う意見も持っているけれど、相手の意見に合わせてしまったとしてももちろん構いません。

しかし、そのように「黙っている」「言わない」というのも一つの「選択をしている」のだと認識してください。「言わなかったこと」に対しても責任を取る必要はあります。黙っていることで、また同じ問題が繰り返されたり、要求がエスカレートするという可能性も、あなたの望まない方向に事態が進んでしまうことも、あなたはそのとき選択し、受け入れたことになるのです。

あるいはアグレッシブに振る舞う選択肢も選んでいいわけです。今はどうにも緊急事態で、自分が相手を従わせることのできる何らかのパワーを持っていた場合、それを行使して、自分の思う通りに従ってもらうということをしてもいいわけです。たとえばあなたが何らかの意思決定者の立場であれば、「悪いけれど、どうしてもこの件は今日中に結論を出さなくてはならない。反対意見もあるだろうが、今回は私の言うとおりに従ってくれ」

と告げる場面もありえるでしょう。

しかしその選択肢を選ぶことは、相手に不満を持たせることになったり、あとから文句を言われたり、もし力関係が逆転したときにはやり返されてしまう、という可能性も引き受けているわけです。

このように目の前の結果だけでなく、長期的な結果も、自分の選択の結果として責任を持つ必要があります。

ただもちろん、あなたには選択を変える自由もあります。「あのときは黙ってしまっていたんだけれど、実はね…」とパッシブにやり過ごしたことをあとから問題提起することもできますし、「先日は切羽詰まっていたからこちらで全部決めてしまったけれども、改めてあなたの意見を聞かせてくれないか」とアグレッシブに押し切ったことをあとから対話をし直すこともできます。

「一度選んだ態度を崩してはいけない」とか、「引き起こされる結果は為すすべなくひたすら見守るしかない」というわけではなく、そのときそのときで、自分にとって最善の選択を重ねていけばよいのです。

以上の4点が、アサーティブに伝えるときの心構えでした。あなたが実際にアサーティブな対話に臨んだとき、「これってアサーティブになっているのかな?」と迷うことがあるかもしれません。そんなときの指針にしてみてください。

（2）言葉にする4つのポイント

ではここからは具体的に、「どう言葉を選んだらいいのか」「どう対話を組み立てたらいいのか」について考えていきましょう。

例えば、このような状況であなたはどうやって伝えますか。

> あなたがたくさんの仕事を片付けようと必死になっていたある日のことです。さきほどから隣の席の同僚が、足をカタカタゆすっています。その同僚は仕事に夢中で、自分が足を揺すっていることにも気がついていない様子です。あなたは少しならと我慢してきましたが、だんだん耐えかねてきました。

これは私がアサーション研修で用いている練習テーマなのですが、とてもたくさんのパターンが飛び出す面白いテーマなのです。

いつものあなたなら、パッシブに何も言わず、ひたすら耐えるかもしれません。あるいはその同僚と気の置けない間柄なら、「それ迷惑だよ、止めろよ」などバシッとアグレッシブに言ってのけることもあるかもしれません。はたまたこれみよがしに大きなため息をつく、といったやり方をしてしまう人もいるかもしれませんね。しかし今回はお互いが気持ちよくやりとりできる、アサーティブな伝え方を目指してみましょう。

とはいえ、こんなとき何を言えばいいかわからず、しどろもどろになってしまいそうです。そこで、言いにくいことをお願いしたり、伝えたりするときに、「事実／感情／要求・提案／結果」の4点をポイントに置くようにしてみましょう（**図2**）。

①事実

まずは、あなたにとって、どのような状況や行動が問題になっているのかを客観的に描写します。この状況なら、「○○さん、先ほどから足を揺すってらっしゃるのですが」といった言葉です。

ここを曖昧にしたり、婉曲に表現するのはよくありません。多くの人は「足が揺れている」ということを指摘するのをためらうあまり、あの手この手でぼやかして伝えようとしてしまいがちです。たとえば「あれ、なんか地震来てる？」などと婉曲に表現することは、「え、地震なんて来ていないけど？」と、意図が伝わらないということに当然つながります。

あるいは気づいてもらえる場合もありますが、これは実は、「地震って…もしかして私の足が揺れてるってことを言いたいの？」と相手にわざわざ、あさっての方向に投げられ

1．事実

状況や相手の行動について客観的に描写する

例「○○さん、先ほどから足を揺すっているのですが」

↓

2．感情

状況や相手の行動に対する自分の率直な気持ちを表現する

例「どうしても気になってしまいます」
「仕事に集中できなくて困っています」

↓

3．要求・提案

相手に望む行動を要求したり、解決策・代替案を提案する

例「止めていただけますか／気を付けてもらえますか」
「また私からお声がけしてもよいですか」

↓

4．結果

要求・提案が受け入れられることで、得られる結果を述べる

例「仕事に集中できます」

図２：言葉にする４つのポイント

た球を拾いに行かせていることなのです。相手は、言いたくないことを自分から言葉にする労力を払わされてしまうのです。ですからここは伝え手が、言いにくいことではありますが、きちんと言葉にして、伝え手としての責任を果たすべきところです。

　または、「足が揺れている」という事実を共有しないまま、なんとか解決だけしようとする人もいます。「○○さん、一緒に休憩しにいかない？」という提案で、「足を揺すっているのが止む」という状況を作ろうとする人もいます。ただ、この場合「忙しいからそんな暇ないよ」とあえなく断られてしまうかもしれませんし、休憩に行って戻ってきた後、また足を揺することが再開するかもしれません。

　または、言い出しにくさのあまり、「忙しそうだね、大丈夫？」と相手を気遣う形から入ろうとする人もいます。そうすると、「ええ、ご覧の通り忙しいんです。…ですから特に用がないならもういいですか？」とコミュニケーションを打ち切られてしまったり、「そうか、忙しいんだね…何か手伝おうか？」と言い出す羽目になって、なぜか相手の仕事を引き受けてしまう人もいます。

　おかしいですね、本当は「自分の困りごとの解決」に協力してほしいから話しかけたはずなのに、いつの間にか「相手の困りごとの解決」に論点が移ってしまっているのです。

　きちんと自分の扱いたい問題を提示しないと、いつまで経ってもその問題に着手できないまま、対話がおかしな方向に流れていってしまうのです。はっきり伝えるのをためらう気持ちはよくわかりますが、まずは論点を明確にするためにも、勇気を出して「足が揺れている」という事実を伝えるようにしましょう。

②感情

次は、①の事実によって、あなたの内側に何が起こっているのか、という感情や気持ちを表現するところです。①の「事実」が外側の客観的な情報だとしたら、②の「感情」は、内側の主観的な情報です。この状況でいけば、「どうしても気になってしまうんです」とか、「仕事に集中できなくて困っています」などです。前述の（1）アサーティブに伝えるときの心構え「①感情を認め、表現する」でも扱った通り、この「感情」をきちんと伝えるのが、アサーションというコミュニケーションの大きな特徴といえるでしょう。

なぜならこの感情が、言いにくい問題をあえて伝えている、いわば「動機」の部分であり、あなたが抱えている「ニーズ」だからです。ニーズをきちんと満たすためには、伝え手はここをごまかしてはいけません。「困っている」ということがストレートに伝わるからこそ、人は心を動かされ、「協力してあげたい」という気持ちになるものです。

このとき決して、「私は別にいいんだけど、他の人が気になるかと思って…」など自分のニーズをごまかし、第三者のニーズのようなふりをしないでください。「他の人って誰のことですか」と突っ込まれた場合、あなたは苦しい弁明をする羽目に陥ってしまいます。

あるいは「あなたもみんなに嫌がられるのは困るでしょう」など、相手にニーズがあるかのようなふりもしないでください。そのように勝手にニーズを押しつけられて不愉快になった相手から、「いえ、別に私は他人からどう思われようとかまいませんから」とそのニーズを否定されてしまった場合、相手に行動を変えてもらう理由がなくなってしまうのです。

そうではなく、自分の「気になってしまう」「困っている」などの感情を率直に伝えることができれば、相手もあなたの気持ちを受け取ってくれます。「ごめんごめん、それは気になるよね」とか、「私も集中していたから気づいてなかった、悪かったね」といったことを言ってくれるかもしれません。

多くの方が、この「感情」をスキップしてしまいがちです。「○○さん、足が揺れていますね（事実）。止めていただけますか（要求）」と言われたら、なんだかムッとしますね。あなたの「困っている」という感情が伝えられていないため、相手はあなたにまだ共感できていないのです。

こちらが感情を伝えない限り、相手もあなたに共感しようもありません。普段あまり口にしないのでためらってしまうかもしれませんが、勇気を出してこの「感情」を伝えるようにしましょう。

③要求・提案

次は、相手に具体的に望む行動は何なのかを特定して伝えるところです。問題を解決するために、相手に期待する行動の変化です。このケースでいけば、「足を揺するのを止めてもらえませんか」、「気をつけてくれませんか」といった言葉です。

この「止めてほしい」という一言を言うことにとても抵抗を感じる方もいます。ですが、実はこの「要求」の部分を、いきなり言おうとするからハードルを高く感じるのです。

きちんと事実と感情を伝え、お互いの間に「それは困るよね、なんとかしたいよね」というパートナーシップが生まれてさえいれば、実はこの「要求」を口にするのは少しも怖くありません。むしろ、相手から先に「これから気をつけるよ」とか、「またやっていたら遠慮なく伝えてね」と言ってくれることもよくあります。お互いが問題解決に向かってタッグを組めていれば、どちらの口から改善提案が出てきてもおかしくないわけです。

またここでは、問題を解決するための努力を全て相手に預けなくても構いません。たとえば、「気をつけてもらえますか」と伝えたとき、相手から「いやぁ、悪いとは思うのですが、これは私のクセで、気をつけてもまたやってしまうかもしれません」と言われたらどうしましょう。

そのときは、「ではまたそのときに私からお声がけしてもいいですか」と言って、自分の側ができることを「提案」するのも一つです。お互いに無理なくできることであれば、自分の側ができる問題解決の方法を提示してもいいわけです。

このように、問題解決のためにできる具体的な行動を、両者で話し合い、すり合わせるのがこの段階です。

④結果
最後は、要求・提案を相手が受け入れてくれることで、何が得られるかという結果を表現するところです。いわば、問題解決前のBeforeに対する、問題解決後のAfterのありさまを示すところです。

この状況でいけば、「仕事に集中できなくて困っている」というのが出発点でした。ですので、「そうしてもらえると（＝足を揺するのをやめてもらえると）仕事に集中できます」といった言葉になります。この「結果」は、会話を前向きに終了する上での締めくくりの一言といった位置づけです。

さて、この4点をポイントとして整理しておくと、自分が焦ってしまわずに落ち着いて伝えやすくなります。

一方で、このポイントをとにかく伝えればアサーティブかというとそうではありません。これを伝えるだけでは、自分の主張を行っただけで、ピッチャーの役割しか果たしていませんね。相手の言葉を受け止めるキャッチャーの振る舞いがあって初めて、対等なキャッチボールになります。

立て板に水のように自分の言いたいことを言ってのけてしまうのではなく、言葉を区切って相手の反応を待ち、相手の言葉に対して耳を傾け、応答することも、伝えることと同じく重要です。

こうして相手とバランスよくピッチャーとキャッチャーを交代しながらキャッチボールができた場合、相手から「言ってくれてありがとう」という言葉をもらえるかもしれません。

会話例

あなた「Aさん、ちょっとよろしいでしょうか」

Aさん「え、なに?」

あなた「ちょっと言いづらいのですが…先ほどからAさんが足を揺すってらっしゃるんです（事実）」
Aさん「あ、本当？　そんなにやってた？」
あなた「はい、実はもう30分ほど…。それで、私も仕事に集中したいのですが、どうしても気になってしまって困っていたんです（感情）」
Aさん「ああ、それは悪かったね。こっちも集中していたから気づいていなかったよ」
あなた「そうですよね。このあとは気をつけていただきたいのですが…（要求）」
Aさん「ああ、もちろん。ただ、足を揺するのが結構クセで、またやっちゃうかも…」
あなた「そうしたら、そのときにまたこうしてお声がけしてもよいですか（提案）」
Aさん「そうしてくれると助かるよ。遠慮なく言ってね」
あなた「ありがとうございます。これで仕事に集中できます（結果）」
Aさん「こちらこそ、言いにくいことを言ってくれてありがとう」

（3）対話の軸の置き方

①対話の軸の置き方

次は、「対話の軸」をどこに置くかを考えてみましょう。

アサーションでは、対話の軸を「自分」に置くことが大切です。ところが、ついつい私たちは「対話の軸」を自分から離し、「相手」に置いてしまいがちになります。

たとえば次の二つの会話を見てみましょう。

例①

Aさん「ちょっとBさん、どうしてこのテーブルにものを置いておくの？　ここは共有スペースだから自分のものを置いたらだめだよ」

Bさん「だって、いま誰も使っていないんだから、少しぐらい置いておいてもいいじゃないですか」

Aさん「だからあなたは気が利かないんだよ。このあと使いたい人が来たら困るでしょう」

Bさん「だからそのときはちゃんと片付けますよ！」

例②

Aさん「あれ、このテーブル、Bさんのものが置いてあるね。ここは共有スペースだから自分のものを置くのはだめだよ」

Bさん「まあそうですけど、いま誰も使っていないんだから、少しぐらい置いておいてもいいじゃないですか」

Aさん「そうだね。ただ、私はこうしてものが置いてあるのを見かけると、誰かのスペースなのかなと思って、遠慮して使いにくくなるな」

Bさん「まあそうですね。わかりました、片づけます」

さて、例①と②では、Aさんの言い方にどんな違いがあったでしょうか。①では「どうしてこのテーブルにものを置いておくの?」や「だからあなたは気が利かない」といった非難のセリフが目につきますね。結果、Bさんはうすうすまずかったかなと思っていたはずですが、どんどん頑なになってしまいました。

一方、②では「共有スペースだから自分のものを置くのはだめ」ということは同じくはっきり伝えていますが、そのあとのやりとりで「私は使いにくくなるな」という形で表現することで、Bさんの同意を得ることができました。

この例①と②は、ＹＯＵメッセージとＩメッセージの違いとして説明できます。

■YOUメッセージ

ＹＯＵメッセージは、「あなた」が主語になる言い方です。このＹＯＵメッセージは、相手を攻撃し、非難しているやり方です。

・そんなやり方は時代遅れだ
・仕事の仕方が雑だよ
・なぜこうしないんだ
・何度言えばわかるんだ？

日本語は主語が抜けやすいですが、これらの言い回しに改めて主語を入れてみると、すべて「あなたの〜」とか「あなたは〜」という主語になります。矢印の先が相手に向かい、ちくちく刺しているわけですね。

当然このようなメッセージを、相手は受け入れられるはずもありません。強い反発や拒絶、弁明や言い訳など、自分を守るやり取りに追い込んでしまいます。

またYOUメッセージにはYOUメッセージが返されることになります。「そんなこと言うけれどあなただってね…」とか「そもそもあなたが…」など、相手もお返しに非難の矛先を向けてくることになります。

こうして言い争いが生じてしまい、届けたかったメッセージは受け取ってもらえず、お互いを傷つけあった嫌な気持ちを味わうことになってしまうのです。

■Iメッセージ

一方のIメッセージとは、「自分」を主語にして、自分自身の思考や感情を表現するやり方です。決して相手を攻撃したり非難したり、からかったりしようとはしません。ただ、どう感じたかを伝えることに専念します。

・そんなふうに言われると、私は傷ついてしまう
・ご期待はありがたいですが、もうこれ以上は私にとってストレスなんです
・今回のことにはずいぶん参っているんだ
・私はやりにくいな

Ｉメッセージは、問題となる状況が、あなたにどのように影響を与えているかを知らせようとしています。相手に対する攻撃ではなく、情報であろうとしています。受け取っても安全な情報の形で伝えられることで初めて、相手も自分の行動を見直し、このあとどうするか自発的に決めることができます。

ですのでＩメッセージには強制力はありません。しかし相手がこちらの気持ちに応えてくれるときは、相手が本当にそうしたいからしてくれることになるのです。

ＹＯＵメッセージが口から飛び出してしまいそうなときは、「相手の行動そのもの」ではなく、それであなたがどんな気持ちになったかを伝えるようにしましょう。

例）「ひどい言い方だ」→「そんなふうに言われると、ひどく落ち込むよ」

例）「なんて雑なんだ」→「その扱い方だと、壊してしまいそうでハラハラするよ」

また、Ｉメッセージは相手のＩメッセージと両立もできます。「○○さんはこう思うんだね。ただ、私はこう思うんだ」とどちらの感じ方も尊重できるのです。「あなたは○○だ」と決めつければ、「いや、そんなはずはない」と反発を呼び、お互いの言い分を打ち消し合うことになるＹＯＵメッセージとは正反対ですね。言い争いになってしまったときなど、自分が無意識に「ＹＯＵメッセージ」を使っていなかったか点検するようにしてみましょう。

（4）対話の組み立て方

さて、「（2）言葉にする4つのポイント」で題材とした「足を揺すっている同僚への対処」は、職場で不意に出くわすかもしれない状況でした。

しかしそうではなく、「ある状況が継続的・慢性的に生じていることに対して、アサーティブに対処したい」というときもあります。むしろこのような状況のほうが多いでしょう。

このように、とっさの場面ではなく、自ら話し合いの状況を作って伝えるときの伝え方について考えていきましょう。

★場を設ける

実はこの、「話し合いの機会を自ら作る」ということ自体がアサーション行動です。

なぜなら「言いにくいことだけど勇気を出して話し合おう」というのがアサーションの精神だからです。問題をはらんでいる状況に対して泣き寝入りしたり黙って見過ごすのではなく、問題解決に向けてイニシアチブをとるという主体性の発揮が、アサーティブな対話にはまず必要なのですね。

ですので、アサーティブに話し合いたい件があるときは、まず「今日どこかで10分ぐらいお時間いただけませんか」などあらかじめ話したいことがある旨を告げ、時間と場所を確保した上で始めてください。

そうすることで、相手にも「何か大事な話があるんだな」という重要性が伝わります。

よく、「わざわざ改まって話すようなことをしなくても…」とためらって、「相手が休憩にいったところを追いかけていって」とか、「帰りがけを捕まえて」とか、「飲み会のなかで」などのタイミングで伝えようとする人がいますが、これはおすすめしません。相手にしてみれば不意打ちを食らうようなものですし、状況的にも「聞き流しても構わない」ということを暗に伝えてしまっているようなものです。

少し仰々しく感じたとしても、自ら「場を設定する」ことから逃げないようにしましょう。他の人の目や耳を気にしなくて済み、話し合いに集中できる場を設定することからアサーティブな対話は始まります。

さて、そのうえで、以下の対話の流れを意識していきましょう。「①前置き、②本題、③締めくくり」の大きな3ブロックです（**図3**）。

①前置き

このブロックは、まずお互いにキャッチボールができる体勢づくりをするブロックです。

① 前置き

プラスのストローク

・先日のプロジェクトではがんばってくれてありがとう
・この間の○○はとてもよかった、お客様もほめていたよ

伝えることに対する気持ち

・今まで言わずにきて今更で申し訳ないんだけど
・些細なことだけれども大事だと思うので言わせてほしい

② 本題

事実

・先日、○○なことがあった／私には○○と聞こえた
・いま、チームで○○ということが起きている

感情

・○○なことにならないか心配している
・このまま○○な状態が続くととても苦しい

要求・提案

・○○してほしい／○○してほしくない
・○○してはどうだろうか
・○○したい／○○したくない

③ 締めくくり

結果

・助かる／仕事がしやすくなる
・チームが○○になると思う

サポートの気持ち

・自分にできることがあれば教えてほしい
・私も○○の形で協力するので一緒にがんばろう

図３：対話の組み立て方

本題に入る前の準備運動のようなものです。

★プラスのストローク

さて、「今日話したいことがあるのですが…」と言われて場所と時間を設定されただけで、相手はすでに警戒心が高まっています。「何を言われるのだろう、きっといい話であるはずがない」と、固く殻を作ってしまったかもしれません。まずは固く閉ざされた心のドアを開けてもらう必要があります。

そのために、まず相手が受け止めたいと思う球（＝ストローク）を投げてみましょう。「ストローク」とは、受け取った人が「自分の存在や価値を認めてもらえた」と感じる投げかけのことを指します。部下に対してなら「先日はがんばってくれてありがとう。おかげでプロジェクトの山場を乗り切ることができたよ」などのねぎらいの言葉や、「先日お願いした○○の件、とても良いできあがりになっていたね」などの褒め言葉かもしれません。

上司や顧客に対してなら「いつもご指導ありがとうございます」や「今回もご発注いただき、ありがとうございます」など感謝の言葉かもしれません。

相手が「私のことをよく見てくれているんだな」「私のことを認めてくれているんだな」と感じられるような球を投げてみましょう。もちろんこのとき、相手をおだてるために心にもないことを言うのはNGです。必ず本心であることが大事です。
こうして、まずは閉ざされた心のドアを開けてもらうのが最初の仕事です。

★伝えることに対する気持ち

次は「伝えることに対する気持ち」です。あなたならいざ伝える場に立ったなら、どんな気持ちがしているでしょうか？

おそらくとても緊張していたり、「言いにくいなぁ」と思っているでしょう。あるいは「うまく伝わるだろうか」と心配しているかもしれませんね。

では、まずそれを率直に口にしてみましょう。

「このことを伝えるのは大変緊張するのですが…」とか、「今まで言おう言おうと思いながら、時間が経ってしまったのですが…」など、今の気持ちを自己開示してみるのです。

言うにあたり緊張していることが伝われば、相手も「何か言いにくい、大事な話があるのだな」と襟を正して聞く気持ちがでてきます。「ここはひとつキャッチャーミットを構えなくては」と思えるわけです。

また言い出す側も、緊張していることを言葉にできると、ホッと息がつけ、肩の力を少し抜くことができます。本題の球が少し投げやすくなっていることでしょう。

【「伝えることに対する気持ち」のフレーズ例】

・大変申し上げにくいのですが…
・うまく言葉にできるかどうか心配なのですが…
・このことを伝えるのはとても緊張しているのですが…
・こんなことを突然申し上げて驚かせてしまうかもしれませんが…
・頑張っているあなたにこんなことを言うのは気が引けるのだけど…
・話を蒸し返すようで申し訳ないのですが…
・言おうかどうしようか、ずっと迷っていたのですが…
・些細なことと思われるかもしれませんが、私にとっては大事なことなので聞いていただけますか

②本題

さて、準備運動が済んで、お互いがきちんとキャッチボールできる体勢ができあがったら、ここからは本題のブロックに入ります。

★事実

ここからの4点はすでに「（2）言葉にする4つのポイント」としてお話してあるところです。

まずは「事実」でしたね。問題として扱いたい状況を、なるべく客観的な形で述べます。「プロジェクトが始まってから1ヵ月経ち、メンバーが○○という状況になっています」とか、「昨日あなたが○○をしていたときのことだけれど、○○という手順で進めていたね」など、その時の様子が目に浮かぶように伝えます。もしもこれまでたくさんの出来事が積み重なっている場合は、すべてを伝えるわけにいきませんから、一番直近のエピソードを伝えるようにします。

自分と相手の「事実」認識は異なります。事実を決めつけるような言い方は避けましょう。もちろん事実を誇張したり、過剰表現はしません。「あなたはいつもこうしているけれど」とか「今まで一度だって自分から手伝おうとしたことがないですよね」など、「いつも〜」や「決して〜ない」などが入り込んでいないか注意しましょう。

あるいは「最近毎日帰りが遅くて…」とだけ言うよりは、「ここ1ヵ月、毎日残業を3時間していています」など、数字のような客観的なものが入れられるときはそうします。

★感情

次は「感情」です。自分の胸の内を丁寧に見つめ、自分の気持ちに最も近い言葉を探します。そして匂わせる形ではなく、はっきりと言葉として述べます。「驚きました」「困っています」「焦っています」「心配しています」「ショックでした」など、きちんと言葉にしましょう。

また、「考え＝thinking」と混同しないようにします。「こうすべきだ」や「これはおかしい」などはthinkingの領域です。「べき論」を持ち出すと、アサーティブな対話は争いの場に変わってしまいます。

ここでは「感情・気持ち＝feeling」の領域を言葉にするようにしましょう。feelingの領域は、首から下の身体感覚に注目することでもあります。「ドキッとした」「ビクッとした」「ヒヤヒヤした」「ハラハラした」「そわそわした」などの身体でキャッチする感覚を言葉にしてみるのもおすすめです。

また、感情を相手のせいにした言い方はしないようにします。たとえば、「あなたにはがっかりさせられる」とか、「あなたはいつも私を怒らせる」などです。感情を起こしているのは自分ですから、自分の感情には自分で責任を取る言い方をしましょう。「私はそのことにがっかりした」ですとか、「私はそのことで腹を立てています」などです。

★要求・提案

次は「要求・提案」です。相手に望む行動の変化を伝えます。

ここではなるべく具体的に、小さな要求にすることが大事です。たとえば「あなたにはリーダーとして、もっとしっかりやってほしい」という要求は、実際には何を指すのかよくわからない、抽象的で大きな要求です。きちんとするとはどういうことなのか、具体的にブレイクダウンしましょう。「あなたから毎朝、メンバーに一人ずつ声をかけてほしい」などと言ってもらえたら、要求事項が明確になります。

また、要求は「一度に1つまで」が原則です。このような伝える機会を設けると、つい勢いに乗ってしまい、「こうしてください。それからこれもしてください」と要求を重ねてしまいがちになります。しかし相手も、今までやっていなかったことをやってほしいとか、やり方を変えてほしいという要求を受け止めるのは大変なことです。いわば、両手を使って1つの球を受け止めているようなものです。2つ目、3つ目と投げられてしまったら、そこまでの球を手放すしかなくなってしまいます。

一度にたくさん投げたくなるのは、逆に言えばこれまで問題提起すべきときに、パッシブでやり過ごしてきてしまった自分の選択の結果でもあります。過去は過去として、今一番相手に求めたい変化を一つに絞って伝えるようにしましょう。

③締めくくり

最後のこのブロックでは、対話を前向きに終了させるためのやりとりをかわします。

★結果

4つのポイントの最後は「結果」でした。相手が要求や提案に応じてくれることで、どんな結果が手に入るのかを描写します。

「〆切を守っていただけることで、こちらも落ち着いて月末処理ができるようになります」といった言葉です。

ここではポジティブな形で表現するようにしましょう。「こうしないとみんなに嫌われるよ」といったネガティブな形で表現すると脅しめいて聞こえるので注意します。

また、ここで急に「あなたのためだから」を持ち出さないようにしましょう。「こうしたらみんなから好かれるよ」などは、あなたが言いにくさを軽くするために、相手にニーズを勝手に押しつけてしまっているだけです。「こうしてくれると私は助かる」という率直な自分のニーズの表明が、何より相手の心に届くはずです。

★サポートの気持ち

対話の締めくくりの最後は、相手に要求するばかりではなく、この問題解決に向けて自分は何をするつもりなのかを自ら明らかにしましょう。

「今まであなたに任せきりにしていたけど、私も今後はこういうふうに関わろうと思う」「あなたがこのことをしやすくするために、私もこのようなサポートをしたい」などです。

相手にしても、「自分にばかり要求しているわけではなく、この人自身変わるつもりがあるのだ」とわかると、重い腰も上がりやすくなります。また、これまで自分が一人で抱えていた問題を「今度は相手に預けてせいせいした」ではなく、あなたも一緒にその問題解決に取り組む姿勢を持ち続けてこそ、パートナーシップといえるでしょう。

以上が対話の組み立て方でした。自分たちが今、対話のプロセスのどのあたりにいるのかがわかっていると、少し安心して話し合いに臨みやすくなります。

ただもちろん、実際は相手とのやりとりによって作られていくものです。自分だけのシナリオで対話をコントロールしようとせず、相手とキャッチボールをしながら対話を作り上げていくことを忘れないようにしましょう。

（5）さまざまな状況に応じたアサーション

さて（1）～（4）で、基本的な伝え方のポイントは押さえることができました。ここからは、さまざまな職場の状況で求められるアサーションの応用例を考えていきましょう。

①依頼・要求する

■「自分のため」の依頼・要求をするとき

ここでは、「自分のため」に相手に何らかの依頼や要求をするときに、「その理由をどこに置くべきか」ということを考えてみましょう。

Aさんは最近、仕事がマンネリになっていることが気になっています。同じ仕事の繰り返しで、スキルアップできている気がしません。そこでもっと新しい仕事を回してくれるよう課長にお願いしてみることにしました。

【TAKE1】

Aさん「課長、ちょっとよろしいでしょうか」
課　長「うん、どうしたの？」
Aさん「よければ、私に新しい仕事をやらせていただきたいのですが…」

課　長「え、そうなの？　今の仕事内容はあっていないのかな？」
Aさん「いえ、そういうわけではないのですが、今の業務はずいぶん慣れてきてスムーズにできますので、ときどき手が空いているのです。それは課の人員の使い方としてもったいないのではと思いまして…」
課　長「（少しムッとして）そんなことはあなたが心配しなくてもいいよ」

うーむ、うまくいきませんでしたね。それもそのはず、Aさんは「なぜその要求をしたいのか」の大切な部分をごまかしてしまったのです。

Aさんは「スキルアップができないという理由で新しい仕事をやらせてほしいというのはわがままなのではないか」という考えが頭をよぎってしまったのです。そのため、「課の人員の使い方がもったいないから」という理由にすり替えてしまいました。「自分のため」ではなく、「相手のため」や「みんなのため」なら、正当な理由になるのではないかと思ったのですね。

このように私たちはつい自分の真の気持ちを隠して、「相手のため」などを装い、相手への要求をしてしまいがちです。本当は自分に、何かしらの不満や苦しさなど「このままではいられない」という思いがあるからこそ相手に要求するのに、その理由を「あなたのためだから」にすり替えてしまうのです。これでは相手の気持ちは動かせるはずもありません。

改めてAさんに、どうしてこのことを要求したいと思ったのか、気持ちのど真ん中を伝えてもらいましょう。

【TAKE2】

Aさん「課長、ちょっとよろしいでしょうか。」

課　長「うん、どうしたの?」

Aさん「よければ、私に新しい仕事をやらせていただきたいのですが…」

課　長「え、そうなの?　今の仕事内容はあっていないのかな?」

Aさん「いえ、そういうわけではないのですが、私の業務内容はもう3年間変わっておりません。同じ仕事の繰り返しで、仕事中ずっとモヤモヤしているんです。スキルが落ちていくんじゃないかと不安になるんです」

課　長「そうだったんだ、気づかずに申し訳なかったね。Aさんのスキルアップにつながるような仕事がないか検討してみるよ」

さて、今回は課長の気持ちに届く対話ができました。Aさんが率直に「仕事中ずっとモヤモヤしている」「スキルが落ちるのではないか不安」という気持ちを伝えたからこそです。

このように私たちは、相手に何らかの要求をしたいとき、本当は自分の気持ちに端を発しているにもかかわらず、「あなたのためだから」「君はこのままではまずい」「チームのためには」など、相手や周囲にその理由を預けた形で要求してしまいがちです。

しかしこの相手や周囲を理由にした要求は、相手の責任範囲を侵食してしまったり、相手に対する恩着せがましさや、「別に自分はこれで構わない」という開き直りを誘ってしまいがちです。

それよりも、勇気を出して「困っています」「今のままでは苦しいんです」という自分の率直な気持ちをオープンにするほうが、相手の「それは申し訳なかった」とか、「それならなんとかしてあげなきゃ」といった気持ちを呼び起こすことになるでしょう。

■相手を責めたくなってしまうとき

ここでは、相手を責めたくなってしまうときの伝え方について考えてみましょう。

Ａさんはこれまで、上司Ｂさんから仕事を次々と振られ、ずっと無理をしながらなんとかこなしてきましたが、とうとうそのことを問題として訴える決意をしました。

【ＴＡＫＥ１】

Ａさん「Ｂさん、ちょっとお話があるんですけど」
Ｂさん「え、なに？」
Ａさん「Ｂさんはずっと、私が限界だと申し上げているにも関わらず、新しい案件をあれもこれもと振ってきましたよね。現状、私の業務はオーバーフローしてますし、今後はきちんと業務量を理解いただいた上で振っていただきたいんですけど」
Ｂさん「は？　何甘えたことを言ってるんだ？　仕事なんだから引き受けた仕事は自分の裁量でうまくやるのが当然だろう！」
（両者にらみあう…）

う〜む、これでは上司のＢさんが聞こうという気になれないのも無理はなさそうです。

ここでのAさんは、「上司に無理を強いられてきた私」という被害者の立場をとり、Bさんを「正しく部下に仕事を振れないダメな人」とみなして話をしています。

長い間の恨みつらみがあることで、相手を責めたくなってしまう気持ちはよくわかります。しかし私たちは「責められている」と感じたとき、メッセージを受け止める気が起きなくなり、固く耳を閉ざしたり、背を向けてしまいやすいものです。

そこで考えてみてほしいのが、この事態を発生するにあたっての「Aさん自身の責任は何か？」ということです。Aさんは「自分はいつも一方的に上司から仕事を押しつけられているだけなのに、自分の責任なんてない！」と思うかもしれません。

しかし、本当にそうでしょうか。無力な子どもならともかく、大人である以上、そのときさっぱりと「NO」と言うこともできたはずです。いくら上司とはいえ、部下の首に縄をつけて仕事をさせるわけにはいきません。振られた仕事をいやいやながらも「引き受ける」という形で、その事態の発生に協力していたのはAさんなのです。

「そんなことを言ったら評価が落とされる」とか「仕事を失ってしまう」といった理由から、断るなんてできないと思うかもしれません。しかしそれも結局、それらのリスクを回避するために、実は「言わない」という選択を「自分が」していたのです。

では改めて、自分の責任をきちんと認めた上で、話し合うとどうなるでしょう。

【TAKE2】

Aさん「Bさん、ちょっとお話があるんですけど」
Bさん「え、なに？」
Aさん「私はこれまで、Bさんから依頼された仕事を全てお引き受けしてきました。でも正直なところ、キャパオーバーの状態になっているんです」
Bさん「え、だってあなたが『やります』って言うからお願いしてきたんだよ。それなのに急にそんなこと言われても困るなぁ」
Aさん「そうですね、最終的にお引き受けしたのは私ですし、今になってこう言い出すことは申し訳なく思っています。私としても『与えられた仕事はこなしたい』と思ったので、限界と思いつつ、全てお引き受けしてきてしまいました。ただ、今の状況では一つずつの案件に目が行き届かず、何か問題が起きてしまうのではと心配しているんです」
Bさん「じゃあどうしたいの？」（※耳を傾ける姿勢が出てきました！）
Aさん「ここまで引き受けた仕事は責任を持ってやりたいと思いますので、今後発生する案件に関しては、ご相談の上、引き受けるかどうかを決めさせていただけませんか」

Bさん「う～ん、人も少ないし、そうできるとも限らないけど…」
Aさん「ええ、そうですね。では、ひとまず、私がこのように考えていることだけご理解いただければと思います」
Bさん「わかった。考えておくよ」
Aさん「ありがとうございます」

いかがでしょうか。

今回は「問題状況の発生に自分も一役買ってきた」ということを明確にしていますね。こうして責任の一端を認めることで、「相手が悪い」というバッシングの姿勢から、「お互い様」という姿勢となり、問題解決に向けた話し合いに移ることができます。相手も「自分を責めているのではない」とわかれば、自分を守る必要もなくなり、閉ざされていた扉は開きやすくなります。

相手を責めたくなってしまうときほど、「今回の事態に対する、自分の責任は何か?」ということを一度自分に問い直し、認める気持ちをもっていきましょう。

■「難しいのがわかっている」ことを依頼・要求するとき

ここでは、「相手が応じるのが難しいだろうな…」とあらかじめわかっていることについて依頼・要求する状況を考えてみましょう。

Aさんは上司Bさんに、自分のマネジメントしているプロジェクトにもっと関与してほしいと思っています。しかしBさんは他の件で忙しく、時間を割いてもらうのが難しいことはわかっています。ただ、ある重要な会議に欠席されてしまったことをきっかけに、きちんと伝えてみようと思いました。

【TAKE 1】

Aさん「Bさん、昨日のプロジェクト方針を決める会議にご参加いただけなかったですね」

Bさん「ああ、すまなかったね。出ようと思っていたんだけど、急に予定していなかった会議に呼ばれてしまってね」

Aさん「そうでしたか…。実は昨日の会議で本当はBさんのご意見を聞いて決めたかった、○○のことが決まらずに終わってしまったんです。このままプロジェクトが遅れていかないか、少々懸念しています（感情）」

Bさん「そうか、それは悪かったね。ただ私も他にも重要な件を抱えていてね…」

Aさん「では次からは急なご予定が入りそうなときは事前に教えていただけますか（要求）。
　その場合は会議の前にあらかじめBさんのご意見をお伺いしておきますから」
Bさん「そうだね、わかったらね…」

はい、これはAさんの予想通りの展開ですね。難しいだろうなと諦め半分伝え、やっぱり無理そうだから、譲歩した要求を伝えるだけは伝えてみた…という形です。

こんなふうに相手の状況がわかっているほど、伝える前から諦めが入ってしまい、本来要求したかったこととはずいぶん異なる要求を伝えて終わってしまうことがよくあります。「できもしないことを望んだって仕方がない、だったらせめて多少なりともできそうなことを要求しよう」と考えてしまうのですね。

ただ、これはあなたの率直な気持ちからはもう遠ざかってしまっています。たとえ今後Bさんから「予定が入りそうなときは事前に教えてもらう」ことが叶ったとしても、Aさんの気持ちはちっとも満たされはしないはずです。

最初から譲歩してしまう前に、まずは自分の率直な気持ちをぶつけてみませんか。

【TAKE2】

Aさん「Bさん、昨日のプロジェクト方針を決める会議にご参加いただけなかったですね」

Bさん「ああ、すまなかったね。出ようと思っていたんだけど、急に予定していなかった会議に呼ばれてしまってね」

Aさん「そうでしたか…。実は昨日の会議で本当はBさんのご意見を聞いて決めたかった、○○のことが決まらずに終わってしまったんです。このままプロジェクトが遅れていかないか、少々懸念しています（感情）」

Bさん「そうか、それは悪かったね。ただ私も他にも重要な件を抱えていてね…」

Aさん「はい、それはよく存じています。ただ、Bさんの欠席が続くとプロジェクトメンバーもBさんの関心度合いを疑って心配になりますし、何より私自身、後ろ盾がいないようで不安になってしまいます（感情）」

Bさん「それはそうだね…。上の者の関心がないプロジェクトほどやりにくいものはないものね。Aさんに任せていれば安心だったから、ついつい放っておいてしまっていたよ」

Aさん「はい、ですのでBさんがご多忙なことは重々承知ですが、今後のプロジェクト会議にはぜひご参加いただきたいんです（要求）」

Bさん「わかった。次からは必ず参加するようにするよ」

いかがでしょうか。今回は最初から譲歩するのではなく、きちんと本当の要求を伝えることができました。

そしてなぜBさんに会議に参加してほしいと思っているのか、より根本的な思いを伝えることができたのです。単に「Bさんの意見が聞きたい」からではなく、本当はBさんにこのプロジェクトにもっと関心を持ってほしかったのですね。

それが叶って初めて、Aさんの気持ちは満たされるでしょう。BさんもAさんの率直な気持ちを聞いて初めて、これまで放っておいてしまったことに思い至り、「もっと関与しなければ」という気持ちが沸き上がってきたのです。

最初から諦めて、叶っても嬉しくない要望を口にするぐらいなら、ぜひ本当の気持ちをぶつけて、相手の気持ちも動かしてみてくださいね。

②注意・指摘する

■「確信がない」ことを注意・指摘するとき

職場で、周囲の人のちょっとした行動で気になることがあったとき、皆さんはどうしますか？

・デスクでスマホを（おそらく私用で）長々といじっている
・トイレの個室を（おそらく本来の用途ではなく）長い時間占拠している
・給湯室の周りが（たぶんその人が使ったことで）汚れている

こんなとき、「注意したほうがいいかな」と思うものの、「すぐに」その人と話し合おうとするでしょうか？

・たまたまかもしれないし…
・私の勘違いかもしれないし…
・私が気にしすぎているだけかもしれないし…

意外とこんな思いが頭をもたげてきて、問題行動に気づいていても、言うのをためらってしまうかもしれません。そして「次また同じことが起きたら言おう」と、次のタイミングを待とうとするかもしれません。

しかし、こんなときは「すぐ」言うことをおすすめします。

一つ目の理由に、「あとにすればするほど言いにくくなる」からです。「またあの人○○してる…。でも今まで何も言わなかったのに、急に注意するのはおかしいかな…」と、これまでの対応とつじつまが合わなくなってしまうのです。誰も何も言わなければ、その行動はどんどん繰り返され、その職場で許容されていることのようになっていきます。するとますます言い出しにくくなり、結局毎回気になりながらも黙って見過ごすことになってしまいます。

二つ目の理由に、その人との間で「まだ話していないこと」があるという、自分の中に緊張を抱えることになってしまうからです。タイミングを図っていることで、どんどん不安や緊張のボルテージが上がっていってしまうのです。

結果、高い不安を抱えた状態でようやく切り出してみたときは、すっかりのぼせてしまっており、自分で何を言っているのかよくわからないような伝え方になってしまいます。

あるいは、他の話題についてもめたとき、「だいたいあなたは、給湯室の使い方だって…」

など不適切なタイミングでその話題が口をついて出てしまうことになります。

三つ目の理由に、こうやって事態を見送っているとき、私たちは「有罪の証拠集め」を始めてしまうからです。「あ、○○さん、またやっている」とその人のしっぽをつかむような目線が増えてしまうのです。

そうなるといざ伝えるときは「○○さん、以前も、その前にもあったけれど…」とまるで証拠集めをしたような言い方になってしまうのです。すっかりアグレッシブな態度になってしまうのですね。また言われた人は、ずっと監視されていたかのような居心地の悪さを感じることにもなります。


これからも居場所を共にする人に、ネガティブな指摘をすることに不安を感じるのは当然です。できれば先送りしたい気持ちはよくわかります。

しかし、そうしている間に、より言いにくくなり、より事態はエスカレートしていきます。しまいには伝えてさえいないのに、相手を「ダメな人」「鈍感な人」などとレッテル貼りをしてしまうかもしれません。

それよりは、気づいたときに、勇気を出して、「すぐ」話し合ってみてほしいのです。不確かなら不確かでかまいません。「もしかしたら私の勘違いかもしれないけれど、気になったので話したいんだ」と言えばいいのですから。一度伝えてみれば、そのほうがずっとずっと楽だったことに気づくはずです。

相手としこりのない、気持ちのよい関係を築いていくために、気になったら「すぐ」話し合うことを心掛けてみてください。

■においの問題を指摘するとき

さて暑い時期になると、職場で気になるのが「におい」の問題です。ツーンときたり、ムワッときたり…。

これは本人に伝えるのが非常に難しく感じられるテーマです。本人に悪気があるわけではないですし、対処のしようがないことを求めているような気もします。何より、ひどく傷つけてしまいそうで恐ろしいですよね。

ただ一方で、においは受け手側には距離を取る以外に防ぎようがなく、生理的な不快感を我慢し続けるのも、非常に辛いものです。その人自身が嫌なわけではないのに、嫌な気分にならざるを得ないのも残念です。

このようにとても強い葛藤を起こすテーマですが、だからと言って、「察してわかってもらおう」とすると、どうしても嫌味なやり方になってしまいます。

・相手が近づくと顔をしかめる
・相手が風下になるようにデスク扇風機を向ける
・制汗剤を目立つところに置く

この遠回しなメッセージの真意に気づいたとき、相手は面と向かって言われたときより、いっそうショックを受けるでしょう。

そこで、大変言いにくいことではありますが、やはりこのようなテーマも「率直に話す」ことにトライしてみましょう。ポイントは次の3つです。

①いつ、においが気になるのかを絞って伝える

多くの場合、四六時中、においの問題が起きているわけではありません。外出から帰ってきた夕方とか、化繊の服を着ているときだとか、実はよく考えると状況はかなり限定できるはずです。そしてこの状況を絞り込むことが、具体的な「対処」の指針にもなります。

・外出から帰ってきたときに、シャツが汗だくなら替えてほしい
・化繊の服は、夏場は避けてほしい

など、これならとても具体的な要求になりますね。単に「あなたは汗がにおうからなんとかしてくれ」だと言われたほうもどうしていいかわからなくて、職場に来てはいけないようにさえ感じてしまいますが、これなら対応可能です。

②相手のショックを受け止める

においの問題を伝えられたとき、たとえどのように伝えられたとしても、ショックなことに違いはありません。

「えっ、私、におってましたか⁉」「そんなにひどいですか⁉」など、相手のショックが表現されたとき、私たちは「ドキーッ！」と焦ってしまいます。それで、「そんなことないよ」と思わず否定してしまったり、「私はいいんだけど、もしかすると他の皆が気になっているかなってね…」など、余計相手を追い詰めるようなことを言ってしまいがちです。

相手が受け止めるのにエネルギーがいることを伝えたのですから、伝えた側の責任として、相手が感じたショックや動揺をまっすぐ受け止めましょう。

「うん、驚かせてしまって申し訳ないけど…、私は気になってたんだ」

「はい、ショックかと思いますが…。私はお伝えしたい、と思いました」

このようにあなたが言ったことをすぐ打ち消したり、変に言い逃れようとすることなく、しっかりと受け止めることで、相手もフッと気持ちが落ち着くものです。

③長引かせない

伝えることを伝え、相手の気持ちも受け止めたら、長居は無用です。どちらにしても居心地が悪い時間であるには変わりないのですから、変に長引かせることなく、話し合いを終えましょう。

「ごめんねごめんね、傷ついた？」とか、「あんまり気にしないでね」など、相手のご機嫌をうかがったり、取り繕うようなやりとりは不要です。それはあなたの罪悪感を軽くしたいための振る舞いに過ぎません。「話を聞いてくれてありがとう。仕事に戻りましょう」と、スマートに場面を切りかえてください。

以上、3ポイントでしたが、どうでしょうか。これで不安なく伝えられそうですか？

「う〜ん、でもやっぱり不安…」という方もいますよね。

実は、それが普通です。伝える上での不安がゼロになることはありません。「相手への気遣い」を持つ以上、どこまでも不安は付きまといます。むしろその不安な気持ちを「相手に対する気遣いの証」として大事にしながら、話し合いに臨んでみてください。

■相手が「できない理由」を挙げてくるとき

ここでは、相手があれこれと「できない理由」を挙げてくるときの伝え方について考えてみましょう。

上司Aさんは、新入社員B君の遅刻が気になっています。一応連絡は入れてくるものの、頻度が多く、朝一の仕事がスムーズに始められず困っています。Aさんは一度B君と話し合ってみることにしました。

【TAKE1】

Aさん「B君、最近遅刻が多いようだけれど…」
B　君「ああ、すみません…」
Aさん「どうかしたのかな？」
B　君「いいえ、どうということもないんですが…、元々朝起きるのが苦手で…」
Aさん「そうなんだね…。まあ若いときは眠いしね…。目覚ましはちゃんとかけてるの？」
B　君「はい、ただ気づくと止めてしまってまたそこから寝ちゃうんですよね…」
Aさん「そうか…じゃあ目覚ましを2個かけておくのはどうだろう？」
B　君「はい、でもそれもやってみたことはあるんですが、あまり効果がなく…」

Aさん「うーん…。そうしたら寝る時間をもっと早めてみるのはどう?」

むむむ…おかしいですね。AさんとB君の関係は上司－部下にも関わらず、なんだか親子のような会話になっています。

私たちは、問題解決にあたって相手の協力が必要な場合、相手が難色を示すと、せっせと「こうしてみたらどうか」と、解決手段を提示しようとしてしまいます。

ただ、よく考えてみてほしいのは、それは本来「相手がなんとかすべきこと」であって、「自分がなんとかすべきこと」ではない場合も多いのです。

この例でいけば、社会人として始業時間に間に合うように出社するのは、B君の責任範囲のはずです。B君はそのための問題解決能力も持っています。

伝えるべきは、手段ではなく、求めるラインです。

【TAKE2】

Aさん「B君、ここ1カ月ほど、週に2回以上遅刻しているね」

B　君「ああ、すみません…」

Aさん「どうかしたのかな?」

B　君「いえ、どうということもないんですが…、元々朝起きるのが苦手で…」
Aさん「そうなんだね。ただ、私としてはその都度『何かあったのではないか』と心配になるし、朝一に確認したいことが始められずに困っているよ」
B　君「そうですよね。本当にすみませんでした」
Aさん「うん。これからは始業時間にきちんと間に合うように出社してほしい」
B　君「わかりました。今後は改めます」

はい、これでこそ上司と部下の会話ですね。

Aさんは「どうやって遅刻しないようにするか」という相手の責任範囲に立ち入らず、「時間通りに出社する」という求めるラインを示すことに徹することができました。

「相手も忙しいだろうし」とか「相手も困っているだろうし」など、相手の状況がよくわかっていればいるほど、「じゃあこうしてみたら？」とか「私が○○しようか？」など、相手の問題解決を肩代わりしてしまいやすくなります。

ただ、私たちはある責任や立場を任されている以上、きちんと「その気」になりさえすれば、それをなんとかできる力は本来もっているはずです。「できない理由」は、単に「その気になっていないから」挙げているだけに過ぎず、それをしらみつぶしに問題解決してあげることが相手の気持ちを動かすわけではないのです。

それよりも、「どうしてそうしてほしいのか」をきちんと伝えることのほうが、よほど「その気」になってもらう上で重要なのです。

■自分が男性で、女性の部下に注意するとき

最近よく耳にするのが、「最近女性の部下を持ったが、一度注意したら泣かれてしまった。それ以降、男性の部下に注意するようにできずに困っている」という男性上司の悩みです。もともと男性ばかりの職場に女性が少しずつ増えてきたような場合だと、この手の悩みをよく耳にします。確かに、自分とは違う性別なので、どこまで平気なのかよくわからないし、泣かれてしまって驚いたという気持ちもよくわかります。

しかしだからといって、自動的に「注意そのものを控える」「口にすることさえタブー」という振る舞いになってしまっているとしたら、そこは考え直してみませんか。

実は「女性だから泣いた」と見なされるのは、その女性部下にとっても不本意なことのはずです。その女性部下は、「女性だから」泣いたわけではなく、「その人自身にとってショックだから」泣いたのです。なのに、「女性一般の振る舞い」として見られてしまったとしたら、その人自身がかき消えてしまうようです。そして逆に男性の部下からも、「僕たちは男だからって何を言われても傷つかないわけじゃないよ！」という声も聞こえてきそうですね。

また、確かに注意されたことにショックで泣いてしまうということはあるにせよ、そのことと、「注意を受け入れられない」かどうかは別のことです。その女性の部下は「もう

私に一言も注意しないでください」と言ったのでしょうか？　あなたが勝手に、「もう注意できない」と決めつけてしまったのではありませんか？

泣かれてしまったことが気になったなら、「この間は急に泣かれてしまって驚いたよ。私の言い方はきつかっただろうか？」と話し合ってみてほしいのです。

そうしたら、「いいえ、言われたことがショックだったので思わず泣いてしまいましたが、ご指摘自体はもっともだと思っています。これからも気づいたことがあればぜひ教えてください」という返事がくるかもしれません。

「この人は○○だから、無理だろう」と決めつけてしまうのは、その人に対する「値引き」の行為です。話し合う前から、相手の意欲や能力を値引かないでほしいのです。

この「○○だから」には、若いから／高齢だから／日本人ではないから／病気をしているから／育児中だから…などその他にもさまざま当てはまります。しかし私たちは、その「○○」という一つのカテゴリーに収まって生きているわけではありませんし、その一つのカテゴリーの中でもそれぞれの考え方を持って生きているのです。

今後は、ますます多様な事情や背景を持った人々が混ざり合って働くことになるでしょう。馴染みのないカテゴリーの人と働くことになって戸惑うことはあっても、一人の人間として向かい合う姿勢を持ちたいですね。

③伝える

■相手の意に沿わない決定を伝えるとき

さて、皆さんが責任ある職務を果たす中では、ときに相手の意に沿わない決定を伝えなければならないことも生じます。

・これまでその人に提供してきた支援制度の打ち切りを伝えなければならない
・希望する部署への配属や、昇進が叶わなかったことを伝えなければならない
・プロジェクトが中止になったことを関係者に伝えなければならない

このように伝えたときの相手の怒りや悲しみを思うと、胃が痛むようなことを、あなたの口から言わなければならないことがあるでしょう。たとえば、右記の「プロジェクト中止の決定を関係者に伝える」という件で、やりとりを再現してみましょう。

Ａさんはある開発プロジェクトを推進してきたプロジェクトマネージャーです。そしてＢさんは社外の共同開発者で、これまで何年もかけて共に開発を進めてきた間柄です。

【TAKE1】

Aさん「突然の話で恐縮ですが、○○の開発について、会社の方針で中止することになりました」（つい目をそらしながら）

Bさん「え〜⁉　どうして⁉」

Aさん「ええ、社内で予算の見直しがありまして、採算の見込めないプロジェクトを中止することが会社の方針として決定しまして…」（相手の反応に動揺して、弁明口調に）

Bさん「そんな…あなたはそれでいいの⁉」（Aさんが事務的なのでますます苛立つ）

Aさん「ええ、会社の方針の決定でして…どうぞご理解ください」（目を泳がせて）

Bさん「信じられない！」

（いたたまれない空気…）

いかがでしょうか。Bさんは憤懣やるかたなく、Aさんは自分に向かってきそうなBさんの怒りをそらすべく、「会社の方針」という言い分を繰り返すのみとなってしまいました。確かにBさんがなんと言おうとも、決定事項は覆すことはできませんし、受け入れてもらうしかない話し合いではあります。

しかし、これまで心血を注いで取り組んできたBさんの気持ちはどうなるのでしょうか。一方的にプロジェクトを打ち切られたBさんは、二度とAさんの会社と共に仕事をしたいとは思わないかもしれません。

なんとかこの会話を、思いやりのある、心の通う対話にできないでしょうか。先ほどのAさんは、Bさんから激しい感情が示されそうなことを不安に感じ、急いでその感情をそらそうとしてしまいました。しかし、Bさんがこのことに驚きや怒りを覚えるのは無理もない、もっともなことではありませんか？

でしたら相手の感情を慌てて封じたり、もみ消したりしようとせず、相手の感情に耳を傾け、真正面から受け止めるようにしてみましょう。

【TAKE2】

Aさん「Bさん、大変申し上げにくいお話なのですが…（一呼吸置く）、○○の開発について、会社の方針で中止することになりました」（まっすぐ相手を見て）

Bさん「え～⁉　どうして⁉」

Aさん「（うなずいて）驚かれるのももっともです（受け止め）。私も突然のことでいまだショックです（感情）。ただ、社内で予算の見直しがあり、本プロジェクトは採算が見込めないということで、中止が決定となったのです」

Bさん「そんな…ここで本当に終わりなの？」（怒りよりは悲しみのトーンに）

Aさん「ええ、私も非常に残念です（感情）。今までBさんには長らくご尽力いただいてきましたのに、このようなことになってしまい、本当に心苦しい限りです（感情）。ただ、私としては、ぜひBさんとは今後ともお仕事をさせていただきたいですし、これまでの開発で得たことは何らかの形で活かしたいと思っています」

Bさん「そうだね…。わかったよ、今回の決定は非常に残念だけど、また次の形を検討していこう」

Aさん「ありがとうございます。ご理解感謝します」

いかがでしょうか。相手の感情をまっすぐ「受け止め」、自分の感情もはっきりと言葉にすることで、先ほどの事情一辺倒の話より、ずっと心の通う対話にすることができました。

言いにくいことほど、なんとか相手にすんなり受け取ってもらおうと、相手の感情を打ち消すように話をしてしまいがちですが、人間ですから感情が伴うのは当然です。ハッピーエンドにはならない話であっても、こうして相手に思いやりを示すことはできます。

口にするのが辛い話ほど、「相手の感情を受け止める」ことを心がけるようにしてみましょう。

■「おせっかい」と思われそうなことを伝えるとき

ここでは、相手から「おせっかいだなぁ」と思われそうなことを伝えるときのことを考えてみましょう。

50代のAさんは面倒見のよい上司です。Aさんのかつての部下Bさんは、半年前に会社を辞めたのですが、その後いまだに就職をしていないとの話と耳にしました。AさんはBさんと会う機会があり、「早く就職したらどうだ」と伝えたいと思っています。

【TAKE1】

Aさん「B君、まだ就職していないんだってね」

Bさん「ええ、働かなきゃなとは思うんですが、どうも腰が上がらなくて…」

Aさん「そうだよねぇ。働くって大変だしねぇ。いや何も就職しろって話じゃないんだよ、会社勤めばかりが人生じゃないからね…。でも最近は技術の変化も早いからねぇ…。まぁでも少しはゆっくりするのもいいのかな…」

あれれ、Aさん、ちょっと待って！　もともと「早く就職したらどうだ」という話がしたかったんですよね？

私たちは相手の事情や気持ちがわかるだけに、それに反するようなことは言いにくく、つい「それもありだね」と物わかりのよいふりをしてしまいます。
とくに時代の価値観が自分とは異なる方向に向かっているようなとき、自分の価値観が野暮ったく、古くて、頭の固い人間のような気持ちがしてしまうこともあります。おせっかいなことを言って、せっかく慕ってくれている部下に嫌われたくないという気持ちもあるでしょう。
でも、どっちなんだかわからないことを言って無難に済ますより、本当にその人に伝えたいメッセージがあるならば、「物わかりのよい人」になりたい気持ちは、少し横に置いておきませんか。

【TAKE2】

Aさん「B君、まだ就職していないんだってね」
Bさん「ええ、働かなきゃなとは思うんですが、どうも腰が上がらなくて…」
Aさん「確かにまた働き出すのはエネルギーがいるよね。ただ私はあなたがまだ就職してないと聞いて驚いたよ。B君ほど技術がある人が働かないのはもったいない。このままずるずるいくのは心配だよ。早く仕事を見つけなさい」

はい、これでこそ明確なメッセージです。もちろん、Bさんには働く自由も働かない自由もあります。ただ、Aさんとしては、投げるべき球をきちんと投げることができました。その上でなら、Bさんがどういう選択をしたとしても、きっとAさんは納得できるでしょう。

相手に本当に伝えたいことがあるなら、「物わかりのよい人」のふりは止めて、少々おせっかいでも、自分の気持ちを真正面から伝えてみてくださいね。

■怒りの感情が高ぶっているとき

他人と一緒に仕事をしていると、ときには誰かの信じられない行動に、怒りの感情が高ぶってしまうこともあるかもしれません。そこには何かしら話し合うべき状況があるはずですが、その怒りの感情の高ぶりのままに伝えようとしてもうまくいきません。どうやったら建設的に伝えられるのでしょうか。

Aさんは短納期のプロジェクトを担当しており、部下B君にある作業を依頼していました。何かあればすぐ相談するように言ってありましたし、進捗を確認したときも「大丈夫です」との返事だったので、Aさんは順調に進んでいるものと安心していました。ところが中間レビューの際、予定の三分の一も進んでいなかったことが明らかになったのです。

こんなとき、Aさんが怒りが高ぶるままにB君に口を開いたとしたら…

大きく息を吸い、目を三角にして…

「おい、なんだよこれ!!」

「もう、どうすんだよ!!」

こんなふうに怒鳴りつけられたB君は、すっかり萎縮してしまい、あとの言葉はとても入っていかないでしょう。B君側の言い分を口にすることもできず、Aさんに恨みがましい気持ちを抱いたまま、その後のリカバーへの意欲も失くしてしまうかもしれません。

感情は、「感情的に」表現してしまうと、相手は受け止められません。力いっぱい投げつけられた球は、相手は手に取ることができず、硬く殻を張ってひたすら身を守るか、「あなたがそもそも…」などお返しに球をぶつけ返してくるでしょう。

そこで怒りの感情は、少しクールダウンしてから、その中身はなんだったのかを探ってみましょう。怒りの感情の深いところには、もっと別の感情が潜んでいるのですが、怒りに覆われて見えていないことが多いのです。

先ほどの発言に込められた感情を、改めて言葉にしてみたらどうなるでしょう。

「おい、なんだよこれ!!」→「順調に進んでいると聞いていたので、驚いた」

「もう、どうすんだよ!!」→「このあとの進捗が間に合うか、とても不安だ」

このように言ってもらえれば、B君もAさんの気持ちを理解し、自分の状況も正直に話しやすくなり、このあとのリカバーにも前向きに取り組んでくれることでしょう。

他にも、怒りに潜んでいる感情の別のパターンとして、こんな表現があります。

・「さっきのお客様への説明、ハラハラしながら聞いていたよ」
・「悪いけど、午後の会議の準備で、焦っているところなんだ」
・「先日も注意したことが繰り返されたから、がっかりしたんだ」
・「このような状況になって、とても困っている」

怒りの感情が高ぶったときは、ただ溢れ出させるのではなく、怒りの覆いをめくってみて、その奥にある感情を言葉にするようにしてみましょう。

■感覚の違いがあることを伝えるとき

さて、今回は「感覚の違いがあること」の伝え方について考えてみましょう。

マネジャーのAさんは、ある年上のメンバーBさんの威圧的な振る舞いが気になっています。Bさんはミーティングではきつい言い方で他の人の意見をバシバシ否定し、若いメンバーをけちょんけちょんにしてしまうのです。

そこでAさんは、Bさんと話し合いを持つことにしました。

【TAKE 1】

Aさん「Bさん、さっきの会議でのBさんの『馬鹿じゃないのか』という発言ですけど、ちょっときついんじゃないですか」

Bさん「え、そうですか、そんなことないですよ。それぐらい普通でしょう」

Aさん「…（え〜!!）」

このように自分の感覚と、相手の感覚が異なると、自分の言いたいことが受け取ってもらえず、困ってしまいますね。

こんなとき、私たちはなんとか相手に自分の感覚の正しさを受け入れさせようと、何らかの「力」を使いだしてしまいます。

例えば…

①「みんなBさんの言い方はきついって言っていますよ」

これは一体どんな「力」を使ったのでしょうか。これは「数の力」です。自分一人の頭数では足りなかったので、その場にいない誰かを巻き込み、自分の主張の重みづけに使ってしまったやり方です。

こんなふうに数の力を使われるとBさんはどう思うでしょうか。

「みんなしてコソコソ私の悪口を言っていたのか！」と強い傷つきや疎外感に襲われたり、「いったい誰がそんなこと言っているんだ！」と疑心暗鬼になります。

あるいは…

②「その考え方は古いですよ。今どきそれではパワハラと言われてしまいます」

これはどんな力でしょうか。これは「常識の力」で、これも「数の力」の一つとも言えます。常識は、「今の時代の大多数の人が支持する考え方（時代が変われば移り変わるもの）」という点で、やはり数の力ですよね。

この常識の力を使うと、「あなたは時代遅れの人」というレッテルを相手に貼ってしまいます。劣勢に追い込まれたBさんは「今どきの若い奴らの根性がなさすぎるんだ！」という、また別の方向への攻撃にすり替えてしまうこともあります。

または「だったら言っていい言葉とダメな言葉のルールブックを持ってこい！」ですとか、「私の言い方でパワハラ判定が出たという裁判事例の証拠を出せ！」など、「ルール」や「法律・判例」など、別の「力」をこの場に持ち込ませることにもつながります。「力」を持ち出して相手に勝とうとしたことで、まさに「力比べ」が始まってしまうのです。本当はこんな話がしたかったのではないはずなのに…。

そこで、話し合いに、何らかの「力」を持ち込むのをやめましょう。

Aさんとしては、一番「無力」で、でも一番「率直」なことを伝えれば十分です。

【TAKE2】

Aさん「Bさん、言いにくいのですが…。さっきの会議で、若手が発言した後に『馬鹿じゃないのか』とおっしゃったじゃないですか」

Bさん「言ったけれど、もしかしてそれがキツイとか言いたいんですか？　全然普通でしょう。そんなことでいちいち文句言われたら困りますよ」

Aさん「確かに、人によって受け取り方は違うかもしれませんね。ただ私は、さっきの言葉は、聞いているのが辛かったです」

いかがでしょうか。

自分の気持ち以上の「パワー」はそこに必要ありません。ですが私はこれが一番「パワフル」なメッセージだと思うのですが、どうでしょう？

言い争いになったとき、なんとか自分の言い分を受け入れてもらいたくて、私たちはつい何らかの「パワー」を持ち出してしまいがちです。ただそのとき、「議論に勝つ」ことはできるかもしれませんが、相手との間には禍根を残すことになります。

自分が無自覚に何らかの「力」を使っていないか、十分気をつけていきたいですね。

④断る

■相手からの誘いを断るとき

さて、ここでは相手からの「お誘いを断る」ときの方法について考えてみましょう。

Aさんはチームの中堅メンバーです。プロジェクトの山場を越えたある日の夕方、同じチームの先輩Bさんがみんなに「今日飲みに行かないか」と声をかけています。

いつもこういうときは誘われるままに参加するAさんですが、「今日は早く帰ろう」と思っていたので、勇気を出して断ることにしました。

【TAKE1】

Bさん「Aさん、今日は山場を越えたことだし、みんなで飲みに行かないか?」

Aさん「あ～…すみません、今日はちょっと…」

Bさん「…そうか、わかった、また今度な!」

ふだん「断る」ということをなかなかしないAさんは、こんなとき何と言っていいかわからず、思わず「今日はちょっと…」と言葉を濁すだけとなってしまいました。

これでも十分「今日は行かない」という意志は伝わります。しかし、Bさんとしては

「誘ったのは迷惑だったんだろうか」とか、「なんだか取りつく島がないな…」と思ったかもしれません。

どうして「今日はちょっと」なのか、Aさんはもう少しオープンになるほうがよさそうですね。

【TAKE2】

Bさん「Aさん、今日は山場を越えたことだし、みんなで飲みに行かないか？」

Aさん「あ〜…すみません、今日は子どもに『早く帰る』って言っちゃってまして…」

Bさん「…あっ、そりゃそうだよな、悪い悪い！」

さて、今回は先ほどよりも「取りつく島」もでてきましたね。

しかし、このような「事情」を知ったBさんは、「小さい子どもがいるのに誘ってしまって、無神経だったかな」とか、「これからも誘わないほうがいいのだろうか」と、今後の行動に迷いが出るような気がしました。Bさんも、なにやら子どもをダシに使ってしまったような気もしました。

「断ること」そのものは、さまざまな事情を持ち出せば、納得してもらうのにそう難しいことはありません。

・お金がないから
・疲れているから
・別の予定が入っているから
・家事が溜まっているから

しかし、ちょっと考えてみてください。これらの事情があろうとも、行く人は行きますよね？　また、相手が強引な場合、これらの「事情」だけだと押し切られることもあります。「金なら貸してやる！」とか「飲めば元気になる！」などなど…。

それらの事情はもちろんあるにせよ、「行かない」ことを決めているのはあなたです。そこで「事情」を盾にせず、その「事情」に基づいてあなたはどう思っているのか、「あなたの気持ち」を添えてみてください。

【TAKE3】

Bさん「Aさん、今日は山場を越えたことだし、みんなで飲みに行かないか？」

Ａさん「あ〜…、すみません、行きたいのはやまやまなんですが、子どもが家で待ってまして、しばらく帰りが遅かったので、今日は早く帰ってあげたいんです」
Ｂさん「おお、そうか、そうだよな」
Ａさん「遅い日が続いたあとじゃなきゃ行きますから、また次のとき誘ってください」
Ｂさん「おお、もちろん！」

さあ、いかがでしょうか。

「事情」だけでなく「あなたの気持ち」が見えたことで、Ｂさんは「Ａさんが決めたことなのだ」とわかり、先ほどのように誘ってしまったことを気に病む必要はなくなりました。何より、あなたとしても、「子どもをダシに使った」のではなく、自分で選択しているのだというすがすがしさを感じたのではないでしょうか？

また、今回のお誘いは断るけれども、次への気持ちを表明することで、「誘われること自体は歓迎」ということも自分から伝えることができました。断ることは、すべて「ＮＯ」なのではなく、自分で「ＹＥＳ」の範囲を決めることです。

「自分の気持ち」を添えることを忘れずに、「断る」を始めてみましょう。

■誘いを断るために必要な考え方

さて、さきほど相手からの誘いを断る方法をお伝えしました。しかし、やはり誘いを断るのは難しいものです。

店員さんのお勧めでさえ、「せっかくこんなに丁寧に接客してくれたのに、何も買わずに出ては申し訳ない」と、そこまで気に入っていない服を買ったことはありませんか？（私はけっこうあります…）

自分にとって重要な他者との間ではなおさら断りにくいものです。好かれたい相手、いい関係を築きたい相手であるほど、相手の意に反する意思表示がしにくくなります。

「断って気まずくなるぐらいなら…」と悩んだ結果、「本当はあまり気乗りしていない／やりたくない／ほしくない」などの気持ちを押し殺して、誘いに応じてしまうことは少なくありません。

ところが、相手から誘われたり、提案されるままに「ＹＥＳ」を繰り返してしまうと、気づいたら相手の考えに合わせるばかりになり、自分が大切にしたいものをないがしろにしてしまっていることがあります。

・誘われるままに飲みに行っていたら、予定していた貯金ができなくなってしまった

・同僚から「一緒にやろうよ」と誘われた社内サークル活動で、いつのまにか自分がたくさんの雑務を引き受けている
・じっくり考えて決めたいことを、せかされるまま相手のペースで決めてしまって、前向きな気持ちになれずにいる

結果、

・態度をよそよそしくして、その人自体を遠ざけ、お誘いがかからないようにして、これまでの関係に終止符をうつ
・全部引き受けた挙句、にっちもさっちもいかなくなって急に辞めてしまう
・一度は承諾したことを、直前になって「やっぱりやめます」と翻したり、体調のせいにしてドタキャンしてしまう

などの形で、「NO」と言えなかった代償を、より極端な形で清算してしまうことにもなります。相手にしてみれば、「OK」と言ってくれたからそのつもりでいたのに、本当はあなたが前向きではなかったことを知ってがっかりしたり、「だったら先に言ってくれればよかったのに」と恨みがましい気持ちを抱くことになります。

そうならないためにも、「相手の望みと同じぐらい、あなたの望みも大事にしていいのだ」とまず考えましょう。

・あなたとの時間も大切だが、私だけの時間も大切だ
・あなたの都合も大事だが、私の都合も大事なのだ
・あなたは早く決めたいかもしれないが、私はじっくり考えて決めたいのだ

また、私たちには考えを変える自由もあります。

これまで相手を優先してきたからといって、それを急に変えるのはおかしいのでは?と思うかもしれませんが、そんなことはありません。

「今まで私はあなたのお誘いに、自分がそうしたいから全て応じてきた。でもこれからは断ることもしようと思う」

こんなふうに、自分の責任でそうしてきたこと、でもこれからは変えたいことを伝えればよいのです。

無理をしてすべてを「ＹＥＳ」で通すことや、「ＮＯ」と言わない代わりに、ぎりぎりまで我慢した挙句、最後に相手との関係を根こそぎ絶って清算するばかりが選択肢ではありません。

相手とより良い関係を築くために、建設的に「ＮＯ」を伝えることを選択肢に入れていきましょう。

■迷っている気持ちがあるときの断り方

さてここでは、断ろうかどうしようか、迷っている気持ちがあるときの断り方を考えてみましょう。

以前、研修の参加者からこのような質問をいただいたことがあります。

「アサーションでは、『困っている』とか『心配している』とか、ネガティブな感情を表現することが多いですが、『嬉しい』や『楽しい』といった前向きな感情を表現することが効果的な場面はないのでしょうか」というものです。

確かに、アサーションでは「自分が抱えている問題を相手と共有して協力を求める」という状況が多いため、どうしても問題に付随するネガティブ感情が多く登場します。

・「こうなることが不安です」と伝えれば、一緒に対策を練ってくれるかもしれません。
・「こうされると怒りを感じます」と伝えれば、やめてくれるかもしれません。
・「こうなってしまい悲しんでいます」と伝えれば、いたわってくれるかもしれません。

このようにネガティブ感情は、あなたが直面している状況への共感を呼び、相手の行動を引き出すことにつながるため、言葉にして伝えることの重要性を繰り返しお伝えしています。

ですが、ポジティブ感情を表現することも同じく大事なのです。実は断ろうかどうしようか迷う状況には、ポジティブな感情が含まれていることがよくあります。

・「たくさん仕事を振られてしまう　↓任されることは嬉しい」
・「次々と高いハードルを課される　↓やり遂げる達成感はある」
・「飲み会に頻繁に誘われる　↓参加すれば楽しい」

これらのポジティブな感情があるからこそ、あなたもこれまで誘いや依頼に応じてきたわけですし、今回断るべきか迷ってしまうのです。そんなときは、これらのポジティブ感情を含めて、会話をしてみましょう。

・「私を頼って任せてくれることは嬉しいです…でも、最近は正直しんどくて」
・「もちろん達成感はあります…でもそれ以上に疲れてしまいました」
・「私も参加すれば楽しんでいます…ただ、頻繁になると困ってしまって」

このようにポジティブな感情が含まれることで、より一層あなたの気持ちが正確に伝わりますね。相手にしても、あなたが誘いや依頼に応じていたときに、決して迷惑なばかりではなかったとわかって安心できます。

これは状況をめぐるさまざまな感情を認めながらも、「でも今この感情を大切にしたい」というあなたの選択を伝えることにもつながります。

ネガティブな感情もポジティブな感情も、あなたの気持ちの大事な一部です。どちらも一つ一つ言葉にしながら、わかりあう助けにしていきましょう。

■相手からの「NO」のサイン

さて、ここまでは「自分が断りたいとき」について考えてきていますが、最後に「相手が断りたいとき」について考えてみましょう。

皆さんは、こんな経験ありませんか？

【プライベートで】

「次の長期休暇は○○へ行こう」と旅行の提案をしたとき、パートナーは「う～ん」とはっきりしない反応を示します。ただ、最後は「まあ、あなたが行きたいならいいよ」と言ってくれたので、あなたはすっかりその気になって、休暇の申請や、旅行会社の予約をテキパキ進めます。

ところがいつまで経っても、パートナーが勤め先に休暇を申請しません。「早く申請しておいてよ」としつこくせっついて、ようやく言われたのが「やっぱりあんまり行きたくないんだよね」との返事です。

え～！だったら最初に言ってくれればいいのに!!

【仕事で】

進行中の案件について、「このように進めていいですか」とあなたの一押しのアイデアを提案すると、上司はいまいちパッとしない顔をしています。ただ、最後は「他にいい案もないし、いいよ、それで進めたら」と承認を得られたので、あなたはホッと一安心して、関係者への連絡や、資料作成をテキパキ進めます。

ところが2~3日して、上司から急に「やっぱりあの件、違うやり方にしよう」との一言が告げられます。

そんな！だったら最初に言ってくれればいいのに‼

あなたにしてみたら、相手が「いいよ、OK」と言ってくれたからそれを信じて次の行動に移ったのに、後になってひっくり返されてしまい、時間もエネルギーも無駄にしてしまったのです。

このように自分が「こうしたい、これでいきたい」と強く思っているときほど、相手が多少渋っていようとも、少しでも「じゃあいいよ」という言葉を引き出せれば、「やった！」と飛びつきたくなります。

ですが、そんなときちょっと思い出してみてほしいのは、言葉と態度のメッセージに食い違いがあるときは、真実のメッセージは「態度」にあるということです。相手があなたの提案や依頼に「しぶしぶ」な態度を示しているときは、本当のメッセージは「ＮＯ」であるほうが多いのです。

そして「ＮＯ」の気持ちは、なかなか移されない行動、後からガラリと変わる意見、約束のドタキャンや、期待とは程遠いやっつけ仕事、などの形で表現されることになります。ですので、相手の言葉は「ＹＥＳ」でも、無理やり言わせたかな？とか、態度が乗り気じゃないな…と思えるときは、そのまま無視せずに、ちょっと相手に聞いてみてください。

「あんまり乗り気じゃないかな？」

「やっぱり何か気になりますか？」

あなたが自分の期待通りに進めたい気持ちを少しクールダウンして、相手の気持ちを汲み取るような働きかけができると、「実はね…」と相手も本音を話してくれるかもしれません。

言葉だけではなく、「態度のメッセージ」にも耳を澄ませてみると、相手が言い出しにくかった本当の気持ちを聞かせてもらえることになるでしょう。

第4章　アサーティブマインドを持つために

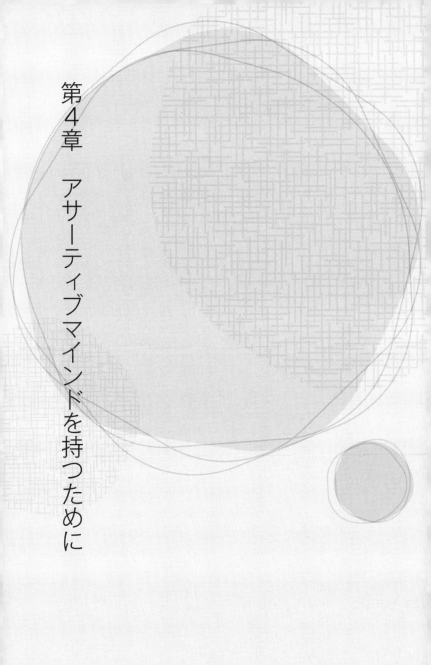

この章では、アサーティブな言動を取りやすくするために、日頃から心がけてほしい行動や、マインドの持ち方についてお伝えしていきます。

(1)「心の声」をアサーティブにする

さてアサーションは、他者と話し合うという「行動」を起こすことです。

しかし、その外界へのアクションは、自分の「内側」で生じていることがアサーティブでないと、始まりません。私たちが何かを問題と感じ、そのことについて話し合おうとしたとき、ブレーキをかけるのはまず自分自身の声です。

1.「あの人は何を言っても聞く耳を持ちやしない」
2.「前も言って変わらなかった、どうせ今回もそうだろう」
3.「これぐらいは世間じゃ当然で、いちいち凹んでいる私がおかしいのだ」
4.「そもそも私がもっと効率よくこなせるようになればいい話だし…」

いかがでしょうか、皆さんもなじみある「声」ばかりではありませんか?

アサーションは、自分も相手も尊重するコミュニケーションです。その意味は、相手や自分の能力や、感じていることと考えていることに敬意を払う、という意味でもあります。

1や2は、相手の「受け止める度量」や、「変化の可能性」を見くびっているとはいえませんか？

3や4は、自分の「感じていること」や、「自分なりの努力」を軽んじているとはいえませんか？


上記の声を、アサーティブな声に修正したらこのような感じかもしれません。

1.「確かにあの人に耳を傾けてもらうのは簡単ではない。だからといって、この問題に話し合う価値がなくなったわけではない。それに、あの人もいつでもシャットアウトするわけではない。次は相手の落ち着いているタイミングを見つけて話し合ってみよう」
2.「確かに一度では変わらなかった。しかし、一度ですべてわかってもらおうとは虫が良すぎたかもしれない。二度でも三度でも話し合いを持つことが、私の本気を伝えることにもなるはずだ」
3.「確かに世間ではこれぐらい当然かもしれない。でも私は、嫌なんだ」
4.「確かに私自身の改善点もある。だけど、私は私なりに努力をしているし、私はスーパーマンではない。この仕事量にも問題はある」

さあ、いかがでしょう。少し勇気が湧いてきませんか。

私たちの「行動」は、私たちの「思考」に支えられています。アサーティブな行動は、そもそもアサーティブな思考がないと始まりません。

何か話し合うべき問題を感じて、それにブレーキをかける自分の声に気づいたなら、ぜひ先ほどの例で示したような、思考の修正にチャレンジしてみてください。**図4**ではアサーティブを促進する思考と、ブレーキをかける思考を表にしました。他にもご自分で、ブレーキをかける思考に気づいたら、アサーティブな思考を考え出してみましょう。

まず自分自身とアサーティブに対話することができるようになれば、きっと相手ともアサーティブに話し合えるようになるはずです。

ブレーキをかける思考	アサーティブを促進する思考
①こちらが我慢すれば済む話だ	我慢は長くは続かない。問題が小さなうちに早めに手を打とう
②事を大きくしたくない	このまま放っておくほうが、もっと事が大きくなってしまうかも。むしろ今、問題提起したほうが事を大きくしなくて済むはずだ
③この人にはどうせ言っても無駄	自分がこう思われていたら嫌だ。私も決めつけはやめよう
④これを言うべきなのは私ではないかも	自分が気になっている以上、傍観者になるのはよそう
⑤相手を傷つけてしまうのではないか	確かにそうかもしれない。でも、言わないままで相手を遠ざけるぐらいなら、私は真正面から伝えるほうを選んでみたい
⑥相手に嫌われるのではないか	確かに多少ぎくしゃくするかも。でも相手に敬意を払う姿勢を保てれば、修復不可能なことは起こらないだろう
⑦私がわがままなだけではないか	わがままと見えるかもしれない。でも私には大事なことなんだ
⑧上司／お客様に反対などしたら命とりだ	問題点を伝えてこそビジネスパートナー／プロではないか

図４：アサーティブを促進する思考とブレーキをかける思考

（2）限界を設定する

私たちは、社会の中で生きていく以上、多かれ少なかれ他人の要求や期待に応えることが求められ、それは「責任感」や「思いやり」の表われとしても尊ばれています。特に相手が困っている状況にあり、助けを切実に求められているとあればなおさらです。

しかし、ときにはこれらの要求が際限なくあなたに降りかかってくることがあります。あなたの能力や限界を超えて、「もっともっと」と求められてしまうのです。そして、あなたもそれに「１００％応えなければならない」と思い込んでしまうことがあるのです。

・他に誰もできる人がおらず、「あなただけが頼り」と言われて依頼された仕事は、たとえ毎日持ち帰ることになろうと、全て引き受けるべきだ
・悩んでいる部下の話は、自分のことを後回しにしても、いくらでも聴いてあげるべきだ
・家庭の事情を抱えて仕事との両立に苦労している同僚に対しては、どこまでもサポートをしてあげるべきだ

このようになってしまうと、あなた自身の望みや大切にしたいものの優先順位は下がり、他者の期待に応えることや、相手を助けてあげることに全てのエネルギーを使い果たして

しまいます。最初は喜んでやっていたことが、しまいにため息をつきながら、いやいや応える義務でしかなくなってしまうかもしれません。

自分が「できる」限界は、残念ながら、他者の求める「ここまでしてほしい」ラインや、自分に求めがちな「ここまでやるべき」の理想のラインと合致しないこともあります。

・期待はありがたいですが、私にも引き受けられる仕事には限界があります。
・30分なら時間を作ることはできます。それでよければ話を聴きますよ。
・あなたのことは大切だし助けたいけれど、私にできるのはここまで。

など、自分の限界を設けましょう。周囲から求められるサポート要求に対して、「私ができるのはここまで」と境界線を引くのです。

もちろん一時的には、これまでのあなたとの態度の違いに、非難の声がぶつけられるかもしれません。何より、自分自身が「こんな冷たい人間になっちゃっていいの!?　他人への思いやりや優しさを持たなくていいの!?」と非難したくなるかもしれません。それでも、「自分のエネルギーや時間は有限である」ということを自分でも認め、周囲にも認めてもらうことは、長い目で見たときには両者にとって良い結果をもたらすことにつながります。

もちろん一度引いた境界線を、あとで引き直す自由もあります。自分のエネルギーと相談しながら、もう少し応えたい、と思えばそうすればよいのです。

これまで際限なく他者の要求に応えることや助けて回ることが多くなっていた方は、少しずつ「限界を設定する」ことを始めてみましょう。

（3）「メンテナンスの会話」を大事にする

ところで私が「すごいなぁ」と思うのは、日常のちょっとした隙間で「サッと一言」が伝えられる人だったりします。

・朝の挨拶をしたときに、「こないだの風邪治った？」と気にかけてくれる人
・会議終了後に、同僚に「さっきのプレゼン、よかったですよ」と伝えられる人
・廊下を通りすがり、背中を向けて作業中の清掃の人に「おはようございます」と声をかけられる人

仕事や目の前のタスクに頭がいっぱいになっていると、なかなかこうした一言が出てきませんよね。「特に言わなくたって問題がないから、言わずに済ませてしまっている」という面もあるでしょう。しかし、本当にこのような一言は「なくても問題ない」のでしょうか？

チームで交わされるやりとりは、大きく課題解決（タスク）のやりとりと、人間関係の維持（メンテナンス）のやりとりに分けられます。タスクのためのやりとりは、仕事や用件のためのもので、時間内に成果や結論を出すことが求められます。会議やホウレンソウ

の場面でのやりとりが代表的なものでしょう。

一方、何か結論を出したり、解決したりする必要はないけれど、人間関係の潤滑油として心を通わせる会話をするのがメンテナンスのやりとりです。雑談や食事の場面でのやりとりが中心となるでしょう。

日常の挨拶や、ちょっとした感謝やほめ言葉、お疲れの様子のときの慰めや労わりなどがその代表的な言葉かけです。「私のこと見ていてくれたんだなぁ」とか、「気にかけてもらっているんだなぁ」という気持ちが伝わり、フッとストレスが抜けていくようなそんな一言です。

そしてこれらがきちんと交わされていることが、いざというときの課題解決（タスク）のためのアサーションをやりやすくしてくれるのです。

言いにくい問題を扱うとき、日頃からメンテナンスが行き届いている関係で行うのか、あるいはほとんどメンテナンスしていない関係（よく知らないとか、ぎすぎすしている関係）で行うのかでは、大きな違いです。日頃の人間関係がうまくいっている職場や人間関係では、アサーティブに問題を話しやすいのです。

日常で「サッと一言」を心がけることで、メンテナンスを行き届かせて、アサーティブな対話の土台を作っていきましょう。

（４）自己開示を増やす

さて、私が行う研修では、参加者の緊張をほぐすのが最初の関門です。参加者にとっては何が始まるのかわからず、周りにいる人がどんな人かもわからないのですから、当然緊張しています。

そこで自己紹介では「今の気分」を入れてもらうのです。

「人と話すのは苦手なほうなので緊張しています」とか、「皆さん頭よさそうで、自分がここに来ちゃってよかったのか不安です」とか、「昨日飲みすぎて、まだボーッとしています」など。ちょっとネガティブなぐらいが一番笑いがおきます。

こんなふうに今の気分を打ち明け、他の人に受け止めてもらえると、私たちは「こんな感じでもＯＫなんだ」と安心できます。「もっときちんとしていなきゃだめかな」と緊張していた状態から、ほっと一息つけるんですね。

このようにありのままの自分を伝えることを「自己開示（self-disclosure）」と言います。自分にとって都合の良い情報だけでなく、悩みや弱点を含めたありのままの自分をオープンに伝えることを指します。「アサーティブである」というのは、まさに「自己開示する」ということですよね。「困っている」や「助けてほしい」など、自分の胸の内を率直にオープンにしているのですから。

さらに自己開示には場の緊張をほぐすだけでなく、人と仲良くなる効果もあります。なぜなら、自己開示は相手に対する「信頼の証」だからです。「不安です」も「緊張しています」も一見、人に聞かれたくないような弱さにもつながる情報ですね。それを率先して話してくれるということは、「この人は私を信頼してるから、本音も教えてくれるんだな」と相手は感じ、「では、こちらも…」と信頼を寄せてくれた気持ちに応えたくなります。

このように「自己開示」は、自分がまず行うと、相手もお返しをしたくなるのです。これを「自己開示の返報性」といいます。こうして対人関係のリスクを自ら取ることは、相手に信頼を示すこととなり、結果、相手からも信頼のお返しが来るので、私たちは自己開示をきっかけに仲良くなることができるのです。

とくに立場があるマネジャーやリーダーが率先して自己開示をすることは、メンバーの自己開示を促すことになります。何か思うようにいかなかったり、失敗してしまったようなとき、立場のある人であればあるほど、他の人に黙っておいたり、あえて口にしないかもしれません。そんなときにむしろ、「困ったな、私にはわからないぞ」でも、「しまった、失敗してしまったよ」でも、自分の限界や失敗を自己開示してみてください。

そうすると、実はメンバーも「困った」「助けて」が言いやすくなります。これはまさに、チームの「心理的安全性」を高めることに直結するのです。

他にも、毎朝のミーティングで「今の気持ち」を一言ずつ、メンバーに言ってもらうコーナーを設けてみるのもお勧めです。「今朝は子どもがぐずってバタバタで、すでにぐったりです」とか、「今日の〆切、間に合うかな〜とソワソワしています」など、こんな言葉を聞いたら、仲間として思わず手を差し伸べたくなりますよね。自己開示をきっかけに、チームに助け合いの雰囲気を作りやすくなるのです。

アサーティブであるというのは何も腰を据えて問題提起するという場面ばかりでなく、このように常日頃から胸の内をオープンにしていく姿勢でもあります。小さな「自己開示」を増やして、チームの信頼を深めていきましょう。

(5) イニシアチブをとってみる

ここでは「イニシアチブをとる」こととアサーションの関係について考えてみます。

先日私は、久しぶりに集まった親族一同で温泉旅行に行ってきました。小さな子どもからおばあちゃんまで、ワイワイガヤガヤ10名ほどの楽しい旅でした。

ところでこういう非日常のメンバーで過ごす状況は、小さな「どうしよう?」がたくさんあります。

・久しぶりに会った叔父に、ある話題を振ってみるか?
・夜の宴会を切り上げるタイミングはいつなのか?
・寝るときに、うっすら明かりをつけておくのかどうなのか?

このように「かならずこう」が決まっていない物事に出くわす場面のオンパレードです。実はアサーティブなマインドを磨くためには、こんな小さな場面で、少しずつ「イニシアチブ」を取ってみるのがおすすめです。

「そういえば叔父さん、最近○○はどうしているの?」

「ずいぶん遅くなったし、そろそろお開きにしますか」

「最初は電気つけておいて、あとで起きたら消しておくね」

など、誰かが提案してくれるのを待たずに、自分から率先して提案してみるのです。

もちろん、イニシアチブをとるのはリスクが伴います。「む、その話題は触れてほしくなかった…」とか、「え、もう少し話していたいのに〜」とか、「明かりはつけずに真っ暗にしたい！」など、誰かの気持ちに反している可能性もあります。

とはいえ、誰かがそう言ってくれるのをじっと待つだけではなく、「提案する人」になるのは、気持ちがいいものです。

実際、「ある話題を振る」は私がやってみた小さなイニシアチブで、叔父は「まいったな〜、その話、振るの？」と言いつつ、待ってましたとばかりにニコニコ楽しそうに話し出してくれました。「誰かが言い出すのを待つ」だけだったら、もしかするとこの叔父の話はお披露目されることのないまま過ぎていたかもしれません。

「アサーティブに話し合う」行為は、「問題に率先して主体的に関わる」姿勢の表れでもあります。「誰かがいつか言うだろう」や、「私があえて言う必要もないか」という姿勢では、いつまで経っても問題解決は進みません。

「他の人はともかく、私が気になるから言おう」とか、「これを言うのは嫌な役割だし、私が言わなくてもいいかもしれないが、でもこのままにはしたくないから言おう」と、リスクを取りながら自発的に行動することがアサーティブであるといえます。

そんな姿勢を身に着ける第一歩として、日常の小さな場面で「人任せ」にせず、少しずつ「イニシアチブ」を取ってみることを心がけてみましょう。

・相手からの電話を待つのではなく、自分からかけてみる
・パーティなどで初対面の人に、自分から話しかけてみる
・みんなでメニューを見ているときに「これにしない？」と言ってみる
・駅でまごついている人に、「どうしましたか」と声をかけてみる

こんな小さな「イニシアチブを取ってみる」習慣が、本当に大事な話題でのあなたのアサーティブを応援してくれるはずです。

(6) 褒め言葉を受け取る

さて、私が自分でいまだに「うまくないな～」と思うのが、「褒められること」です。

ダンス系が好きな私は、社交ダンスはもともとやっているのですが、最近になって「大人のはじめてのバレエ」に挑戦しています。そのバレエ教室で、同じクラスの参加者に「褒めてもらう」ことがありました。初めて会話を交わした若い女性から「とても足が高く上がりますね！」と言ってもらえたのです。

ところが初めての会話でちょっとドキドキしていたのもあって、「え～と、まあ、そうかも…。でもバレエの細かい動きは全然ダメで、覚えられなくって！」と返してしまいました。

さらに会話が続き、社交ダンスもやっていることが話題になったとき、その方が「社交ダンスもやっているんですか！すごーい！」と言ってくれたのに、またまた私は「ええ、でも最近はあまり練習していなくって、ちっとも踊れなくなっちゃってて…」と再びのネガティブ反応をしてしまいました。

その方は「いやいや、一度学んだスキルは忘れないっていいますし…」とさらにフォローしてくれたのですが、その辺りで私は「ああ～、せっかく褒めてくれてるのに～！」と自分にがっかりしてしまいました。

せっかく褒めてくれたり、好意的な関心を示してくれているのに、ソワソワしてしまって、ついついトーンダウンする方向に話を持っていってしまうのです。

「その気持ち、わかります…」と言ってくださる方も多いのではないでしょうか。

このパターンは長年染みついたクセのようなものです。子どもの頃に、「○○ちゃん、えらいね～」と近所の人が褒めてくれたとき、隣にいた親がすかさず「いえいえ、うちの子なんて、普段は全然手伝いもしないで…」と褒め言葉を打ち消してしまったような振舞いを、私たちは自らやってしまうのです。

たとえ褒められても、「大したことありません」「まだまだです」と謙虚さと不足を示し、自分を「これでOK！」と肯定的に見なさないのが、よしとされてきたやり方だからです。

ただ、これではせっかく褒めたいと思ってくれた相手の気持ちをかき消してしまいますし、何より自分自身をいつまでたっても認められず、むなしいような気がしませんか。

そこで、褒め言葉はぜひ「受け取る」ようにしてみましょう。どぎまぎしたり、ソワソワした気持ちはそのまま味わって、少しだけ大人の言葉を添えてみましょう。


「本当？　うまくできてたなら嬉しいな」

「そうなの。とっても面白いのよ」

「ありがとうございます。そういってもらえるとすごく励みになります」
「嬉しいな。自分でもよくできたなって思ってたんだ」

こうして感じたことを言葉にして表現すると、褒め言葉をしっかり受け止めることができます。褒めたほうも「ああ、褒めてよかったんだ」とわかりますので、「また伝えたい」とも思えます。自分の中にもストンと言葉が入ってきて、心がポッと温まります。

このように「褒め言葉をきもちよく受け取る」のも一つのアサーティブスキルです。第1章でもお伝えしましたが、アサーションは「自分も相手も大切にする自己表現」ですから、問題提起をするときばかりではなく、このように他人からもらって嬉しい言葉をかけられたときに、それにきちんと応じる、嬉しさを表現するということもアサーションです。

そしてこれは一つのスキルですから、褒めてもらったときは「チャンス！」と思ってぜひ「練習」してみてください。一歩ずつ受け取り上手を目指していきましょう。

（7）相手を傷つけてしまうこともある

よくアサーションの講義をすると、皆さんから寄せられる質問があります。それは「こんなことを言ったら、相手を傷つけてしまうのではないか」という懸念です。

それに対する私の返答は「はい、相手を傷つけてしまうこともあるでしょう」です。アサーションは「相手を傷つけないコミュニケーションだ」という前提に立っている人には「ええっ！」という顔をされます。

・ある人に対して、「行動に問題があるので現場に出せない」という判断を伝えなければならない

・職場の同僚の体臭が強く、周囲の人から「なんとかしてほしい」という声が上がっている

このような、伝えることを考えるだけで冷汗が出てきそうなテーマがあります。でも問題を放置もできないし、なんにせよ伝えなければなりません。こんなとき、なんとかして「相手を傷つけない」ようにしようとすると、ときとして無責任な言い方になってしまうのです。

・「私的には○○さんは今のままでも全然ＯＫなんですよ…。ただちょっとそういうのにうるさい現場もときどきありますので…」
・「私は別ににおうとは思ってないんだけどね…。ただ気にする人もいるからさ…」

これは誠実な伝え方とは言えません。「相手を傷つけないようにしなきゃ」と思うあまりに、自分自身はその意見を否定しながら、「周りの声」として伝えてしまうのです。言われた側にしてみれば、姿の見えない誰かに後ろから刺されたような怖さを覚え、目の前の人に言い返すこともできません。

さらに相手がショックを示すと、「あっ、そんなに大したことじゃないんです！」と思わず問題の大きさをごまかしてしまったりします。最後は「あまり気にしないでくださいね…」と、わざわざ伝えたにも関わらず「気にするな」という矛盾した形で締めくくってしまったりします。

これでは言ったほうも、言われたほうもどちらもスッキリとしません。相手を傷つけたくなかっただけなのに、その思いがかえって自他ともに傷を深めているようです。

しかし、そもそもこのようなテーマを伝えて、相手が傷つかないということがあるでしょうか。本当は、「どう言われようがショック」なことを伝えようとしていますよね。そんなとき、「相手を傷つけない」ということを前提にすると、問題の本質をごまかす言い方や、責任を取らない言い方になってしまうのです。

それよりも、「この件を伝えることで、相手は傷つくかもしれない」ということを認めて、受け入れてほしいのです。「自分は相手がショックに感じるだろうことを、今から伝えるんだ」という、いわば覚悟を定めてほしいのです。

・「大変残念ですが、○○さんの現在の行動だと、現場にはまだ出せないという判断になりました。これは私自身の判断です」

・「大変言いにくいのですが、○○さんの体臭が気になるという声がありました。他の人から言われるまでお伝えせずに申し訳なかったのですが、私自身が実は気になっていたのです」

このほうがよほど誠実で、心のこもった伝え方ですね。相手を傷つけそうなテーマこそ、「私」を主語にして、真正面から伝えてみてください。

相手はきっと動揺するでしょうし、ショックを感じるでしょう。怒ったり、涙を流すかもしれません。ただ、あなたが主体性をもって、覚悟をもって伝えていれば、相手のショックを受け止める役割も果たすことができます。

「驚かせてしまったことと思います…」、「ショックですよね…」と、相手の動揺や傷つきも当然生じえるものとして、受け止めることができます。「そんな…」と相手が絶句したとしても、その沈黙に寄り添うことができます。「でも～～じゃないですか！」などの反論に対しても、真摯に受け答えできるでしょう。少し時間をおいた後で、「先日の件についてお伝えしてから、○○さんの気持ちが気になっているのだけど…」とフォローすることもできます。

「傷つけたくないので、なるべく遠回しに言って、相手の反応から目を逸らす」のではなく、「傷つけるかもしれないけど、まっすぐ言って、相手の反応を受け止める」という気持ちで臨むほうが、よほど誠実な対応を取ることができます。

言いにくいことを伝えるとき、「相手を傷つけない」ことを前提にするのではなく、「相手を傷つけてしまうこともある」と受け入れる、その心の準備を持つようにしてみましょう。

（8）問題は小さなうちに話し合う

元々は小さな不満やすれ違いだったことが、「まあいいや」と放っておくうちに積み重なり、しまいには「許せない」とか、「顔も見たくない」などの気持ちにまでふくれあがってしまうことがあります。

人と人との間で起こる問題は、当事者による話し合いで解決できる問題もあれば、ときには第三者の力を借りる争いに発展することもありえます。より上位の人に仲裁を頼んだり、人事部などに問題を持ち込んだり、さらにもめれば法廷にまで持ち込まれることもあるでしょう。当事者同士の話し合いでは手に負えなくなったとき、これらの手段がとられることになります。

しかしこれら第三者の力を借りると、一応の問題解決の形は提示されるかもしれませんが、両者の心の溝は広がりやすくなります。第三者を巻き込むことは、双方が第三者に向かって自分の正当性を訴えることになり、相手と「話し合ってわかりあえた」という相互理解の体験は得られないままに終わってしまうのです。

あるいは、その人間関係を終わりにする、職場を立ち去る、という形で問題に終止符を打つこともあります。不満を口に出さずに、黙って去るのは賢い大人の振る舞いとみなされるかもしれません。

しかしその人がいつも問題に向き合わず回避的な行動パターンを続けるとすると、理想的な職場や人間関係が現れない限り、再び相手や場所を変えて同じ問題が繰り返されがちです。また組織としても問題のある職場環境を変えないままでは、新しい人を入れても再び同じ形で人が辞めてしまうことが続くことになります。

アサーティブに話し合うのは、そういう事態になる前に(問題が小さなうちに)、話し合って解決の糸口を探す行為です。問題がこじれて大きくなってしまう前に、まず最初の一歩として「二人で話し合ってみよう」という選択なのです。

そして感情的になってしまう、うまく伝えられない、などの対話に潜む難しさを乗り越え、「話し合う」ことの可能性を最大限引き出そうとしているのがアサーションなのです。

アサーションに「すべてのものごとを当事者同士の対話で解決できる」という万能を求めることはもちろんできません。しかし逆に言えば、「話し合ってもムダ」と思っていることに対して、「そうかな、勇気を出してまず話し合ってみようよ」というメッセージでもあるのです。

対話という手法の限界はありますが、対話という手法の可能性を最大限引き出そうとしているのがアサーションなのだ、と私は思っています。そのためにも、問題は「小さなうちに話し合う」ことを心がけてみてください。

第5章　Q&A

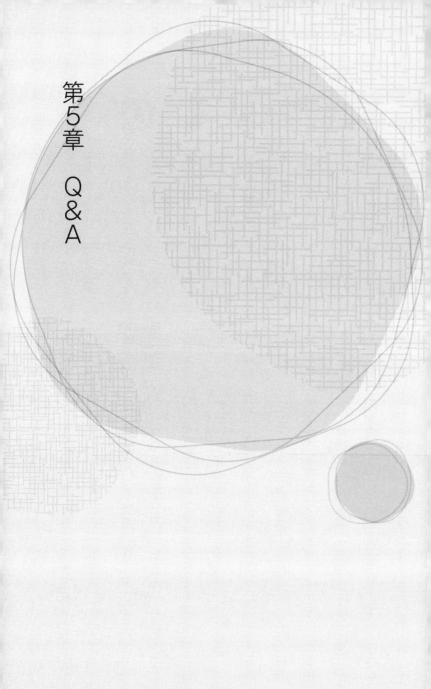

この章では、私が研修中によくいただく質問を元に、皆さんが実際にアサーションをやってみようとしたときに生じる疑問に答えていきたいと思います。

Q. **いくらこちらがアサーティブになろうとしても、相手がパッシブだったり、アグレッシブだったりしたらアサーティブな会話は成り立たないのではないでしょうか?**

A. これは私がアサーション研修で一番多くいただく質問です。「自分はアサーティブでありたいけれど、相手がそれに応じてくれなそう…」という心配ですね。確かに、いくら自分が誠実に伝えようとしても、「どうせ反論されるだけ」とか、「どうせ黙り込まれるだけ」と思ったら、伝える勇気もしぼみそうになります。

第1章「『選択肢』としてのアサーション」のところでお話ししましたが、これまで「アグレッシブ－パッシブ」な関係を長く続けてきてしまうと、もう相手の反応が目に見えるようで、「アサーティブに言おうとしても無駄だ」と思えてしまうこともあります。

でも、諦めるのはちょっと待ってください。こんな気持ちになっているとき、皆さんは1回のコミュニケーションにあまりに多大な期待をかけてはいませんか?

アサーションは魔法ではありませんので、いくら自分がアサーティブな態度をとったとしても、相手がすぐに同じくアサーティブな態度を示してくれるとは限りません。

ですが、これまでとの違いは相手も感じるはずです。
・おや、いつも自分の意見ばかり押してくる上司が、今日はなんだかこちらの意見も聞こうとしてくるぞ？
・おや、いつも黙ってばかりの部下が、今日はきちんと自分の意見を述べてくるぞ？
など、対話の中でのあなたの変化は相手も気づくはずです。

相手を急に変えることはできなくても、あなた自身の変化は少なくとも起こせるはずですよね。

もちろん、だからと言ってこれまで長らくパッシブだった部下がすぐに安心して意見を言ってくれたり、長らくアグレッシブだった上司が急にこちらの意見を聞いてくれるようになるとは限りません。

それこそ、「どうせ聞く耳を持つふりをして、なにかご機嫌を損ねるようなことを言ったら途端に怒り出すに違いない」とか、「どうせ少しでも私が反対すると、すぐに意見を引っ込めてしまう気だろう」などと相手が警戒するのは当然のことです。あなたが「どうせこうだろう」と相手の態度をあらかじめパッシブやアグレッシブなものとみなしていたのと同様に、相手だってあなたの態度を「どうせこうだろう」とみなしてしまうのももっともなことです。

しかしそこから粘り強く、あなたがアサーティブな態度を取り続けていけたら、だんだんと相手もあなたのアサーティブな態度を「信頼してもよいかな」という気持ちになっていきます。そうして初めて「だったら私もそれに応じてみようかな」という気持ちになるのです。

いわば「アサーティブな対話にお誘いする」んですね。

「断られるかもしれないお誘い」をかけるのは勇気がいるものです。でも、勇気を出して誘ってくれたり、「応じてくれたら嬉しい」という気持ちをもって誘ってもらえたら、それだけで気持ちは動かされます。

少し気長に、相手に自分の姿勢の変化を信じてもらえるまで、アサーティブなお誘いを続けてみませんか？

Q. **私の周りにはとてもアグレッシブな人がいて、少しでも意に沿わないことがあれば何倍にも言い返してきます。アグレッシブな人にはどうしたらいいのでしょう?**

A. アサーティブに伝えるとは、まずはこちらの態度を選ぶ行為で、相手を魔法のように変える方法ではなく、そのうえで粘り強くアプローチすることが大事、ということはすでにお伝えしたとおりです。その上で3点ほど補足しましょう。

1．こちらの出方で相手をアグレッシブにしている面もある

「怒るかな怒るかな…」と上目遣いに様子を伺い、相手が少しでも眉根を寄せると「わぁ怒った!」と飛びのくような態度は、相手をいっそうアグレッシブにしてしまいます。相手を恐れるあまり、必要以上にへりくだり、あれこれ遠回しに伝えようとして話が長くなり、「君は何が言いたいんだ!」と怒られたことはありませんか。必要以上にびくびくした態度が、相手を苛立たせ、かえって攻撃的にさせてしまう側面もあるのです。

また、「この人はどうせ何を言っても変わらない」とか「ひどい人間だ」と、相手をモンスターと決めてかからないようにしましょう。「この人はアグレッシブな人だ」という目線は、実はあなた自身が相手を「下」に見ているアグレッシブな態度を取ってしまって

いるのです。

2. アグレッシブになってきたら、話し合いの土俵を降りる

最初はお互い冷静さを保っていたけれど、話し合ううちにだんだんアグレッシブになっていくこともありますね。このように感情のボルテージが高いときに、建設的な話し合いをするのは極めて難しいことです。冷静に言葉を選んだり、相手の言葉に耳を傾けることができなくなっています。そんなときは「今日はお互い熱くなってしまったので、また改めてお話させてください」といってその場を後にするのも一つの方法です。

つまり、その場で必ず「ハイ」の言葉を引きずり出そうとしなくてもよいのです。「考えておいてもらえると嬉しいです」と引き下がってみましょう。いつの間にか「自分の言い分の正しさを証明したい」、「相手に勝ちたい」という気持ちになっていると気づいたら、勝負の土俵は自ら降りてみるのです。たとえ勝っても負けても、必ずどちらかは嫌な思いをするのですから。

3. 何かを脅威に感じたからこそアグレッシブになる

第3章の「信号としての感情」でお伝えしたことを思い出してください。アグレッシブ

な態度は「怒り」の感情を伴うことが多いですが、「怒り」は自分にとって大事なものを脅かされたからこそ出てくる感情でした。あなたから何かを伝えられたとき、たとえば相手は「自分のやり方を否定される」という脅威を感じたのかもしれません。

そして怒りの感情の下には、何かしら別の感情が潜んでいるということもお伝えしました。「急にそんな変更を求められても困る」とか、「私の意見は聞かないのかという傷つき」など、別の繊細な感情がうまく表現できずに、怒りとして表れてしまっているのです。

ですので、相手がアグレッシブな態度を示してきたときは、相手が脅威に感じたことに理解を示すことが大切です。

「急な変更の依頼ですから、ご不安に感じたかもしれません」とか、「ここまで○○さんの意見を伺わなかったので、一方的に決められてしまうと心配されたのですね」など、言葉にならなかった気持ちを受け止めてみましょう。「自分の大事なものをわかってくれている」と伝われば、相手のアグレッシブな態度はほどけていきやすくなるはずです。

さて、３つの点を補足しましたが、それでもアグレッシブな態度をとる人と向かい合うのは簡単なことではありません。挑発や落とし穴にひっかからず、エネルギーのいる話し合いを終えることができたら、大いに自分を褒めて、ねぎらってあげてください。

Q. **アサーティブに伝えても、うまくいかなかったときはどうしたらいいのでしょう？ 同じことを繰り返さなくてはならないのでしょうか？**

A. せっかく伝えたのに、相手がきちんと聞いてくれなかったり、反発されてしまったら、「もういいや」という気持ちになってしまうのはよくわかります。また、「同じことを繰り返しても、どうせ同じ結果になるだけでしょ」というためらいの気持ちもよくわかります。

ですが、前述の通り、「1回のコミュニケーションで全ての問題をきれいに解決すること」はやや期待が高すぎます。特にこれまで先送りにして、積み上げてきた問題であればなおさらです。

一度のコミュニケーションで達成できることの期待値を少し下げてみてください。「まず今日は問題を切り出せただけでもよかった」「話し合う時間を取ってもらえただけでもよかった」と考えてみましょう。

「これでは相手にずいぶん譲っているなぁ」という気がしますか？　実はアサーティブに伝えようとしている人が、どうしても相手より少し優位な立場を取ってしまっている点があります。それは「自分が問題提起をしている側だ」という点です。

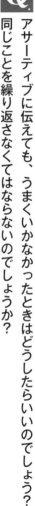

つまり、自分は「よし、このことを伝えよう」と心に決め、伝えたいことを整理し、相手に声をかけて話し合いをセッティングして…と、すでに準備が整った上で話を切りだしているわけです。

ところが相手にしてみれば、ほとんどの場合が「寝耳に水」です。急に切り出された話に戸惑ったり、驚いたり、動揺したりするのが当然です。ですから、その分だけ、話を持ちかけた自分が少し譲ってあげてもいいのではないでしょうか。

「突然このような話をして、驚かれましたよね。よければまたあとで、もう一度お話しさせてください」といって、引き下がり、相手に受け止めたり考えたりする時間をあげていると考えてみてはいかがでしょう。

また、「同じことを繰り返し言う」ことにも実は意味があります。相手も一度言われただけだと、「まああれからもう何も言ってこないし、いいのかな」と思ってしまう節もあります。特に行動を変えるにあたってたくさんのエネルギーが必要な場合、「できればこのままで済ませたい」という気持ちもあるでしょう。なのに、伝えた側が「1回言ったのだからそれでわかってくれるよね」とか「一度伝えたのにわかってくれない相手が悪い」と考えてしまうのはいかがなものでしょうか。

一度で諦めず、二度、三度と同じことを伝えることは、そのこと自体に「私にとってはこのことが重要です」という強いメッセージを含むのです。

「先日お伝えした件、やはり私にとっては重要なので、もう一度お話ししたいのですが…」と切り出してみましょう。「また伝えてくるなんて、この件はよほど大事な件なんだな」と相手も受け止め、そこで初めて聞く耳が開かれるかもしれません。

相手に受け止める時間をあげて、また自分も再び問題提起する粘り強さを発揮して、アサーティブな対話を図っていきましょう。

Q. **きちんと準備しておかないとうまくやれなそうです。相手から「こんなふうに言い返されたらこう言おう」というありとあらゆるパターンをイメージしなくてはいけませんか？**

A. 確かに、「事実」と「感情」、「要求」は少なくとも整理しておく必要があります。自分が落ち着いてメッセージを伝えるためにも、一定の準備は大事です。

しかし、「きちんと準備しよう」というのが、「想定問答集を考えること」にはならないように注意しましょう。「相手がこう言ってきたらこう言い返そう」のように、自分が勝つための準備に変わってしまってはいけません。

「何が何でも自分の思ったとおりに話を進めたい」と思って、落としどころまで決めてしまうようなやり方は、話し合いの姿勢がすっかりアグレッシブになってしまっています。

アサーションは、自分の思い描いている結論に相手を「YES」と言わせるための説得術ではありません。アサーションを身に着けた人と話すと、必ず相手の結論に従わせられてしまう…と思ったら、そんな人と話すのは怖いですよね。アサーティブな関係で目指したいのは、「YESもNOも自由に言い合える」関係です。

むしろ自分が最初に描いていた結論やゴールは、「手放すこともある」という気持ちを持つことが、アサーティブな話し合いには大切です。「要求」は伝えたとしても、相手はそれを「断ることもある」と受け入れておくことが必要です。

また話し合う中で、とくに「要求」は変わる可能性が高いものです。自分なりの「事実」や「感情」を伝えることで、相手も相手なりの「事実」や「感情」をオープンにしてくれます。そこでお互いが初めて「なんだ、そうだったんだ」と事実を共有したり、「そういう気持ちだったんだね」と相手の感情に気づいたりするのです。

そうすると、「じゃあ、こうしたほうがいいね」と、二人で話し合う中で、自分一人で考えていたよりも、より良い解決策が見えてくることがあります。話し合うことの価値は、むしろそこにあるかもしれません。自分一人の視界に基づく解決策より、二人分の視界から導かれる解決策のほうがよほど効果的で的確なものになるのです。

「よくビジネストークでは『結論を先に言え』と言われますが、アサーションはなぜ結論に当たる『要求』が3番目なのでしょうか?」という疑問の答えもこの通りです。「事実」や「感情」を共有した結果、一人で思い描いていたときよりも、より良い解決策が出てくるからこそその「3番目」なのです。

自分一人で思い描くシナリオを手放して、相手と向き合って話し合う中で生まれるものを大切にしていきましょう。

Q. **反論されたらどうしたらよいでしょう？　何か伝えたら、相手から100倍になって返ってきそうで怖いです。**

A. こちらが何か言ったら、相手から反論されてしまいそうで怖いという気持ちはよくわかります。「ああ言われたらどうしよう」「こう言われたらこう言い返さないと…」など、頭の中はあらゆる想定問答でいっぱいになってしまうかもしれませんね。

しかし、反論に反論を返していたら、それこそ言い争いになってしまいます。反論は、「退ける」ものではなく、「受け止める」ものだと考えてみてください。

この「受け止める」は、「その通りだ」と「受け入れる」こととは異なります。「あなたはこう思っているんだね」と相手の言い分に理解を示すことが「受け止める」ということです。あなた自身の考えとは違うかもしれませんが、あなたの考えと違ったとしても、「受け止める」ことは可能ですよね。「受け止める」ことは、あなたの考えを捨てたり、「相手の考えが正しい」と認めることとは異なります。

これは、「同感」と「共感」の違いとしても表現されることです。「同感」は自分と相手は同じ考え方や価値観を持ち、相手の考えや感じ方に「同意、賛成」を示すことです。一方の「共感」は、自分と相手の考え方や価値観は異なるけれども、相手の考えや感じ方を

「理解」しようとする試みです。同感はいわば「わかる、わかる」と自然とあいづちを打つ行為ですが、共感は「わかりたい、わかろうとする」行為です。

多様な相手と様々な問題を乗り越えようとするアサーションでは、「同感」ではなく「共感」が必要だということがわかりますね。

あなたの言い分と同じように、相手の言い分も同じ分だけ大切にしてあげましょう。自分の考えと違うことが提示されたからといって、「そんなことはない」と慌てて退けなくてよいのです。白黒つけようとせず、「どちらの考えもあるね」と話し合いのテーブルに載せておくようにしましょう。

多くの人は、自分の意見をきちんと受け止められたと感じると、感情のトーンも下がり、冷静に話し合いができるようになります。

最初は強いトーンで反論をしてきた人も、あなたがその人の意見を受けとめようとしているとわかると、「まああなたの言わんとすることもわかるけどね…」と、きっとあなたの言い分も尊重してくれると思いますよ。

Q. **アサーションの言わんとしていることは理解しましたが、日本の現実社会ではなかなか難しいのではないでしょうか?**

A. つまり「こんなにはっきり言えないよ!」という戸惑いですね。そして荒っぽい言い方をすれば「率直に話せばうまくいく」と謳っているアサーションが、まるで理想のおとぎ話の世界のような気がしてしまうのですね。

この抵抗感はよくわかります。なにせ「思っていることを率直に表現しましょう」というメッセージは、私たちが親しんできた「言わぬが花」「沈黙は金」「和をもって貴しとなす」という日本文化とは異なりますものね。

そうです、アサーションは一つの「文化」を背負っているのです。もともとはアメリカからスタートし、様々な人種やバラバラな背景の人々がうまくやっていく必要性に迫られたところから、より磨かれてきた考え方ということは第1章でお話ししました。生まれも育ちも違う人々が「どうやったらわかり合えるか」を追い求め、苦労して磨いてきたスキルであり、文化なんですね。

一方の日本は、比較的近いルーツや背景の人たちが集まっている集団でしたから、あまりはっきり言わなくても済み、コミュニケーションの量は少なくても相通じ合える関係でした。以心伝心、「言わなくてもわかるでしょ」で成り立っていた関係です。

ですが現代では日本でも、性別、国籍、年齢、雇用形態、育児や介護などの家庭の事情、価値観など、一昔前に比べると働く人々の「多様性」は増しています。多様な人が一緒に働いているにもかかわらず、従来通りの「言わなくてもわかるでしょ」「それぐらい察してよ」というコミュニケーションスタイルで通そうとすれば、困る人がたくさん生じてしまいます。そのために「アサーション」というスキルが注目されだしたわけです。

しかし「言い方」というスキルだけが独立して活かせるものではなく、「きちんと言葉にしていこうよ」という自己表現を肯定する「文化」があってこそ、スキルも活かせるものなのです。

そんなわけで、現在は「文化摩擦」の真っ最中とも言えるでしょう。「はっきり言葉にするのはいかがなものか」vs「きちんと言葉にしてわかりあおうよ」という価値観や文化のぶつかり合いが生じている時期なのです。

私個人の中でももちろん文化摩擦はあります。子どもの頃から慣れ親しんできた「角を立てない」やり方と、「言おう」という気持ちはしょっちゅうぶつかっています。

「以心伝心」が成り立つのはありがたいですし、他者への思いやりとしてやんわり伝えることも悪いばかりではありません。どうやって2つの文化を融合させていくか、いまだに模索中の日々です。

　また、はっきり言うだけではなく間接的な表現の有効性を見出したり、「個の主張」だけではなく「場を壊さない」ことも重視するなど、より日本文化にマッチした形でのアサーションの取り入れ方も研究されている最中です。

　さらにいえば、アサーティブ・コミュニケーションは言いっぱなしではありません。こちらの主張をきちんと伝えることと同じ分だけ、相手の主張を受け止めることも重要です。日本文化では「相手を思いやる」ことが大事にされてきたのですから、相手への尊重も大事な一要素であるアサーションは、むしろ私たちの得意とするところも含んでいるのです。

　このようなわけで、「手の届かない理想」とつい受け止めてしまいがちなアサーションですが、一足飛びにアサーションができる環境を追い求めるよりは、私たち自身のマインドセットを含め、だんだんと私たちの現実に取り入れていけるとよいのではないでしょうか。

コラム　情理を尽くす

「情理を尽くす」という日本語表現を知ったとき、「これはまさにアサーションの精神だな」と思ったことがあります。

「情理を尽くして説得する」といった使い方をするのですが、「情理」の「情」は人情、「理」は道理を指し、意味合いは「当事者の気持ちをよくくみ取り、同時に道理にかなうようにする」というものです。

アサーションでは自分の主張を理性的に伝えようとするのと同時に、自分の気持ちもそこに添えるという、いわば硬軟両面を備えたコミュニケーションですよね。

この精神は、もともと日本語にもあるぐらい、人間共通の話し合いの要素なんだなと感じたのです。「筋道が通っていること」と「気持ちが通っていること」の両面がそろって、人は納得したり、応じたりするのでしょう。

ですので、決して日本人だって、主張したり話し合ったり…ということを避けてきたばかりではないのではないでしょうか。

農村社会や長屋住まいなど、今よりもずっと狭い共同体の中で肩身を寄せ合って生きてきたわけですから、そこには揉め事や争いの種もいっぱいあったことでしょう。

そのときに「角を立てない」「言わずに済ます」「黙って察する」だけでは解決できなかったこともごまんとあったことと思います。

ですので、実は「アサーティブに話し合う」というシーンも、本当はそれなりにあったのではないかな…と、あまり見かけたことがない時代劇の一場面のように想像しています。

Q. **アサーションは対等に話し合うことを重視しているのはわかりましたが、実際に対等ではない関係（例えばお客様）に対して、本当にストレートに伝えて、気分を害されないのか心配です。**

A. 確かに、お客様を相手にした時など、「こうしてほしい」といった考えや要求を口にすることに不安を抱かれるのも当然かと思います。

アサーティブに伝えるのはリスクテイクしている行為です。アサーティブに伝えることは、パッシブでいるよりも、問題解決のために一歩踏み込もうとしているわけですから、絶対に「気分を害さない」とは言えません。

「少しでも相手の気分を損ねることを言ったら、次から契約が取れなくなる」など、アサーティブに伝えることのリスクが大きすぎるのであれば、パッシブを選ぶことも選択肢の一つです。ただしその選択をした場合は、これまでもお伝えした通り、「今回言わなかったことで、問題が繰り返されること」や「問題が一層エスカレートすること」も同時に引き受けていることを心に留めておく必要があります。

また、たとえお客様と受注側といった関係であれ、一つの目的に向かって協力し合うビジネスパートナーであることには変わりありません。「絶対にお客様の気分を害さない」

ように振舞う人と、「お客様の気分を害するかもしれないが、この問題提起をすることは、それにもましてビジネスの目的を達成する上で大事だ」と考えて行動する人だとしたら、果たしてどちらがプロフェッショナルなビジネスパートナーとして目に映るでしょうか。

また、アサーションは「こうしてください」と、結論や決定事項を投げつけるものではありません。むしろ、キャッチボールの始まりの合図です。「私たちはこういう状況なので、こうしてほしいのですが、いかがですか?」と必ず相手にも意見を求めるものです。

たとえば「これまでのスケジュールでは無理をしていた」、「ベテラン担当者が外れざるを得なくなってしまった」、「原材料費が上がってしまった」など、自分たちの抱える事情は伝えないと当然わかってもらえません。

率直に伝えることで、「そうだったんだね、ただこちらもね…」と相手の事情も話してもらうことにつながるでしょう。お互いの状況をより詳しく知ったうえで、双方にとって最も良い解決策を探るプロセスに踏み出すのがアサーションなのです。

アサーションを「一方的に要求することだ」と思うと「とてもできない」と感じるでしょうが、「話し合うことだ」と思うと、少し肩の力が抜けるのではないでしょうか。

Q. 個人と個人では有効な話術の一つだと思いますが、結果を求めるシーンや期限のあるもの、会社と会社の関係を背負っての話だと有効かどうか疑問があります。どうしてもアグレッシブ・パッシブになってしまうのではないかと思います。

A. そうですね、たしかに「部下に必ずこの日までにこの仕事を仕上げてもらわないと困る」といった状況では、何らかの強制力を行使せざるを得ないこともあります。

ただ、こんなときは「どうしてもやってもらわないといけない」と思うため、ついつい力んでしまい、「いいからやって」などアグレッシブな言い方になりがちです。その結果、仕事そのものはやってもらうことはできたとしても、部下は「こんな仕事の仕方をさせられるなら、いつか機会があれば辞めてやる」といった思いを抱くかもしれません。

一方、このようなときも、「その状況の中でできうる限り相手を尊重する」という姿勢は示せるかもしれません。「どうしてもこの日までにあなたにやってほしい仕事がある。ただあなたがすでにたくさん仕事を抱えていることも知っているので、その中で重ねて依頼することはとても心苦しい。どうしたらなるべくあなたの負荷が軽くできるか、一緒に考えたいのだけど」という気持ちを伝えることはできるでしょう。

「仕方ないじゃない、やるしかないんだからつべこべ言わずにやってよ」と依頼されたときでは、受ける側の気持ちや、今後の関係が大いに変わってくるのではないでしょうか。

会社対会社という点においても同様です。アサーティブは態度、接し方であって、アサーティブに交渉した結果、最終的には「どちらかが折れる」ということは当然起こります。お客様から、「これこれのことを急ぎ追加でやってほしい」という要求があったとき、次のビジネスのことを考えて、それを引き受けることもあるでしょう。

ただ、その時に何も言わないままだと、こちらの状況には気づいてもらえないかもしれません。「実は今回の追加要求をお引き受けするには、これだけの時間を要します。本来なら納期を伸ばさないと難しく、今回はメンバーに無理を言うことになりますが、なんとかやってみます」という苦しい状況も伝えることで、「そういう状況でやってくれていたんだ」と相手は気づくことができるわけです。

何も伝えないままでは、「これぐらい簡単にできるんでしょ」とか「言えば何でもやってくれるんだ」と思われてしまうかもしれません。

1回1回のやりとりが今後の関係を作っていくと考え、制約のある状況の中でもできる限りの思いやりやオープンな話し合いの姿勢を持つことが、良好な部下との関係やビジネスパートナーの関係を作っていく上でも重要ではないでしょうか。

Q. アサーティブに伝えるには、トレーニングが必要だと感じました。一人でもできるトレーニング方法はありますか？

A. アサーティブに伝えるために、一人でもできることはあります。

その一つは、「感情のボキャブラリーを増やすこと」です。アサーティブな対話では、自分の感情を言葉にして伝えることが重要だとここまで繰り返しお伝えしてきました。

しかし、普段あまり感情というものに目を向けていないため、いったい自分が何を感じているのか、スッと言葉にできない人が少なくありません。問題解決したい状況というのは、何かしらフラストレーションを抱えている状況ですから、すぐに相手に対する「怒り」の感情に向かってしまい、「相手を批判するYOUメッセージなら出てくるけれど、Ｉメッセージに直すことができない」人も多くいます。

そこで、腹が立ったり、モヤモヤしたら、「これはいったいどんな感情がもとになっているのだろう？」と立ち止まって考えてみてください。

怒りの感情は表に出やすい感情ですが、その水面下には別の感情があることがしばしばです。怒りはよく氷山にたとえられますが、海面上に見えている氷山（怒りとして表に出ている部分）はほんの一部にしかすぎず、海面下には（怒りの下には）もっとたくさんの感情が潜んでいるのです。

例えば、部下に何度もやり方を注意したにもかかわらず、相変わらず同じ失敗を繰り返されると、私たちは腹が立ちます。「なんで君は何度も同じ失敗を繰り返すんだ！」と怒りをぶつけてしまうかもしれません。

このYOUメッセージで表された「怒り」のもとになる感情はなんでしょう？　それは、何度も注意したのにわかってもらえなかった「悲しみ」かもしれません。「今度こそはやってくれるだろう」という期待を裏切られてしまった「がっかり」かもしれません。「私の教え方がそんなに悪いのだろうか？」という「不安」かもしれません。

このように感情をはっきりつかまえることができれば、「私は今回の失敗にはがっかりしているよ。これまでも何度も注意を伝えたはずだからね」とアサーティブに気持ちを伝えられます。

自分の胸の内を優しく観察し、「ああ、私は今、悲しんでいるんだな」「がっかりしているんだな」など、ぴったりくる言葉でネーミングしてみることを始めてみましょう。

こうして感情のボキャブラリーが増えていくと、自分の気持ちを的確に表現できるようになり、対話の場面でも伝えやすくなっていきます。

Q.「パッシブに黙っているのも一つの選択」との話でしたが、いったいどんな状況なら我慢すべきで、どんな状況なら我慢せずにアサーティブに言うべきなのでしょうか。線引きが知りたいです。

A. そうですね、この悩みもよくいただく悩みです。自分がわがままで言おうとしているのか、それとも正当な主張なのか自信がもてなくなってしまっているのですね。「こんなときはアサーティブに言うべきです」とか、「このようなときは我慢してもいいでしょう」と誰かにはっきり教えてほしいなと思う気持ちもよくわかります。

ですが、これを他人である私が決めることはできないのです。皆さんが大事にしたいものと、私が大事にしたいものは異なります。

たとえばあなたにとって、上司から突然の残業の要請に応えることは、とても耐えられないことでしょうか？　あるいは許容できることでしょうか？

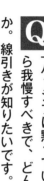

職場で仲の良い同僚から「あなた、最近また太った？」と言われることは、あなたを傷つけ、二度と繰り返されたくないことでしょうか？　それとも「もう、やめてよ！」と笑って返せることでしょうか？

この答えは一人一人異なります。また、同じ人であっても、その時その時の状況によっても異なります。「これはアサーティブに言うべき」「我慢するべき」と第三者が一様に決められることではないのです。

アサーティブであることの出発点は、自分が大事にしたいものを大事にしようとすることです。

「プライベートの時間は、私にとって生きがいで、削ることはできない」とか、「他の皆はこれぐらい気にしないとしても、私は気になる」など、あなたが「大事にしたい」と思うなら、「アサーティブに振る舞う」という選択を取ってみればよいのです。

また、あとでその選択を変えることももちろんできます。

「以前は残業なんて絶対ごめんだと思っていたけれど、今は自分の状況が許すなら、そうしてもいいと思っている」とか、「以前は冗談として受け止められていたけれど、今はそう思えなくなってきた」ということもあるでしょう。考えを変えることも私たちが持っている大切な権利です。

どうぞ「白黒をつけなくちゃ」と考えず、そのときの自分の気持ちに正直に、おおらかに自分の選択をしてみてくださいね。

Q. アサーティブに伝えたとしても、結果が伴わなかったら、「そんなことをしないほうがよかったのではないか」とか、「エネルギーのかけ損ではないか」と思えてしまいます。

A. そうですね。せっかく勇気とエネルギーを出して伝えても、相手から思うような返答をもらえなかったり、かえって関係がギクシャクしてしまうようだったら、アサーティブに伝えようとしないほうがよかったのではないか、と思えてしまうのはわかります。

確かにアサーティブに伝えても、必ず願う結果が手に入るわけではありません。しかし、結果はさておき、一つ必ず得られるものがあります。

それは「自分に対する信頼」です。

言いにくい問題に対して、「これを伝えるのは私の役目」と踏ん張って、逃げずに伝えた。相手の非を責め立て、感情的にぶちまけたほうが楽かもしれないところを、なんとか心を鎮め、アサーティブに踏みとどまった。言わなければ言わないで済んだかもしれないけれど、自分のために立ち上がれるのは自分しかいないと思って、言った。

このように勇気を出して伝えたことで、結果はどうあれ、少なくとも「自分はやるべきことをやれた」という自分への信頼が生まれます。こうしてアサーティブに向かい合う選択を積み重ねていくことで、自分を頼れる相棒として、苦しいときに頼りにすることができるようになるのです。

コントロールできない相手の反応で自分の行動の価値を決めるのではなく、「行動を起こすことが私にとって重要なのだ」と考えてもらうと、決して無駄にはならないと思いませんか。

コラム　結果はわからないけど

私が20代のころのことです。

そのころの収入からはかなり頑張って、セミオーダーの靴を作ったことがありました。自分の足に合わせて木型を選び、デザインを選び、皮を選び、注文してから数カ月待ち、うきうきと受け取りにいったのです。

ところがお店に行ったところ、自分がオーダーしたデザインとは異なるものができあがっていたのです。迷いに迷って最後に決めたほうではない、もう1つのデザインが、なぜか作られてしまっていたのでした。

恐る恐るその旨を店員さんに告げたのですが、「今日は注文を取った店員はいません。注文票にはこのデザインと記載されています」としか言われず、不承不承、受け取ってお店を一度は出たのです。

ですが、一歩歩くごとに足は重くなり、駅まで来たときに、「このままではせっかく作ったこの靴を大事にできない」と思い、踵を返してお店の前に戻りました。そして、「作り直しはできないと言われるかもしれないが、もう1回ちゃんと言うだけ言おう」と心に決めて、心臓をバクバク言わせながらお店のドアをもう一度開けたのです。

そして、やはり自分は別のデザインを注文したつもりであること、このデザインの靴ができあがるのをとても楽しみにしていたこと、もう一度その店員に確認を取ってほしいことを伝えました。返答は「確認します」のみでしたが、もう私はそれで充分だったのです。

相手がこちらの要望に応えてくれるかどうかはさておき、「自分のために言うべきことは言った」という思いで満たされ、自分のために行動を起こせたことを誇らしく思いました。

その後、そのお店は作り直しに応じてくれ、その靴は何度も修理に出しては履き続ける大切な一足となりました。

結果がどうなるかはわかりませんが、そのときに勇気を奮って行動を起こせたことが、自分にとって何より大事なことだったと思っています。

あとがき

ここまでお読みいただいた皆様、お付き合いいただきありがとうございました。

私はアサーションというコミュニケーションを「北風と太陽」みたいだなと思っています。

北風を吹きつけて、つまりいろいろな正論や理屈、立場などのパワーでもって相手を強引に変えようとするのではなく、太陽のように、つまり自分の気持ちをそっと手渡すことで相手の気持ちをぽっと温め、相手自ら振る舞いを変えたくなることを促すコミュニケーションだなと感じるわけです。

それは無理強いをしなくとも、「自分からオープンになることで、相手もオープンに応えてくれるはず」という人間への信頼がベースにあるコミュニケーションとも言えるでしょう。

自分からオープンになるのは傷つく可能性がありますし、とても勇気がいる行為です。でもその勇気を出せたとき、「人を信じても大丈夫」という、とても大きなプレゼントをもらえるのだと思います。

自分を取り巻いている人間関係が厳しく感じるとき、つい心の中で「どうやって相手を言い負かすか」ということに必死になってしまうことがあります。そんなシミュレーションを心の中で繰り広げているとき、「あれ、いま私、相手を倒そうと必死になっているぞ」と気づけるようになってきたのが、私がアサーションを学んでからの変化でした。

そうして「オープンになったほうがうまくいく」「相手に心を見せても大丈夫」と思えてから、だんだんとファイティングポーズを構えなくて済むようになっていき、様々な人間関係の居心地がよくなっていったのでした。

とくにビジネスの世界にいると、どうしても負けないように、傷つかないように、心を固く封じ込めてガードして生きていらっしゃる方が多いようにお見受けします。

でもそんなときに、ちょっとだけガードを下ろしてみると、きっと「そんなに身構えなくてもよかった」と思えるのではないでしょうか。

ぜひ皆さんも、アサーションを通じてご自分の心と世界が広がっていくのを感じていただけたら幸いです。

最後に、これまでの研修の場で出会ったたくさんのビジネスパーソンの皆様に、たくさんのヒントをいただいたことへの感謝を申し上げます。

丸山　奈緒子

参考文献

相川 充(二〇〇九)「人づきあいの技術：社会的スキルの心理学」、サイエンス社
アン・ディクソン(一九九八)、竹沢昌子、小野あかね監訳「第四の生き方：自分を生かすアサーティブネス」、柘植書房新社
アン・ディクソン(二〇〇九)、アサーティブ・ジャパン監訳「それでも話し始めよう：アサーティブネスに学ぶ対等なコミュニケーション」、クレイン
アン・ディクソン(二〇〇九)、アサーティブ・ジャパン監訳「働く女性のためのアサーティブ・コミュニケーション」、クレイン
エイミー・C・エドモンドソン 著、野津智子 訳、(二〇二一)「恐れのない組織 『心理的安全性』が学習・イノベーション・成長をもたらす」英治出版
土沼 雅子(二〇一二)「アサーション・トレーニング：自分らしい感情表現」、日本・精神技術研究所
平木 典子(一九九三)「アサーション・トレーニング：さわやかな〈自己表現〉のために」、日本・精神技術研究所
平木 典子(二〇一五)「アサーションの心　自分も相手も大切にするコミュニケーション」、朝日新聞出版

堀田美保（二〇一九）「アサーティブネス　その実践に役立つ心理学」、ナカニシヤ出版
ロバート・E・アルベルティ、マイケル・L・エモンズ（一九九四）、菅沼憲治訳「自己主張トレーニング」、東京図書
森田汐生（二〇〇五）「『NO』を上手に伝える技術」、あさ出版
森田汐生（二〇一一）「気まずくならない！自己主張のしかた：「できる人」が使っている38のアサーティブな言い方」、大和出版

著者紹介

丸山 奈緒子（まるやま なおこ）

アイシンク株式会社所属。公認心理師。日本健康心理学会認定 専門健康心理士。お茶の水女子大学 生活科学部 人間生活学科 発達臨床心理学講座 卒業。桜美林大学大学院 心理学研究科 健康心理学専攻 修士課程修了。出版社での編集者を経て、アイシンクに入社。アサーションのほか、ストレスマネジメント、コーチング、交流分析、レジリエンスなど、心理学をベースにしたビジネスパーソン向け講座を開発。講師としてもさまざまな企業・組織で登壇している。

チームの生産性を高めるアサーション
言いにくいことが伝えやすくなるコミュニケーション

2025年 4月10日　初版第1刷

ISBN978-4-88372-622-6 C3034
定価　2,200円（本体2,000円＋税10%）

著　者　**丸山 奈緒子**

発　行　公益財団法人 日本生産性本部
生産性労働情報センター

〒102-8643　東京都千代田区平河町２－13－12
Tel ：03（3511）4007
Fax：03（3511）4073
https://www.jpc-net.jp/lic/

デザイン・印刷・製本：第一資料印刷㈱